essentials

Essentials liefern aktuelles Wissen in konzentrierter Form. Die Essenz dessen, worauf es als „State-of-the-Art" in der gegenwärtigen Fachdiskussion oder in der Praxis ankommt. *Essentials* informieren schnell, unkompliziert und verständlich

• als Einführung in ein aktuelles Thema aus Ihrem Fachgebiet
• als Einstieg in ein für Sie noch unbekanntes Themenfeld
• als Einblick, um zum Thema mitreden zu können

Die Bücher in elektronischer und gedruckter Form bringen das Fachwissen von Springerautor*innen kompakt zur Darstellung. Sie sind besonders für die Nutzung als eBook auf Tablet-PCs, eBook-Readern und Smartphones geeignet. *Essentials* sind Wissensbausteine aus den Wirtschafts-, Sozial- und Geisteswissenschaften, aus Technik und Naturwissenschaften sowie aus Medizin, Psychologie und Gesundheitsberufen. Von renommierten Autor*innen aller Springer-Verlagsmarken.

Michael Kleinjohann

Einführung in das Ethnomarketing

Grundlagen, Modelle, Erfolgsfaktoren

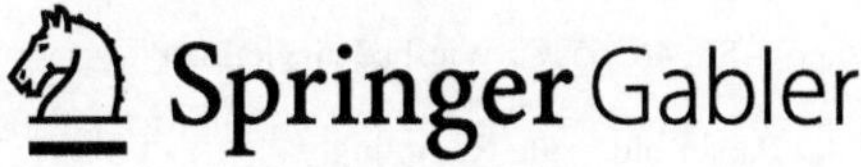

Michael Kleinjohann (iD)
ISM International School of Management
Köln, Deutschland

ISSN 2197-6708   ISSN 2197-6716   (electronic)
essentials
ISBN 978-3-658-51353-5   ISBN 978-3-658-51354-2   (eBook)
https://doi.org/10.1007/978-3-658-51354-2

Die Deutsche Nationalbibliothek verzeichnet diese Publikation in der Deutschen Nationalbibliografie; detaillierte bibliografische Daten sind im Internet über https://portal.dnb.de abrufbar.

© Der/die Herausgeber bzw. der/die Autor(en), exklusiv lizenziert an Springer Fachmedien Wiesbaden GmbH, ein Teil von Springer Nature 2026

Das Werk einschließlich aller seiner Teile ist urheberrechtlich geschützt. Jede Verwertung, die nicht ausdrücklich vom Urheberrechtsgesetz zugelassen ist, bedarf der vorherigen Zustimmung des Verlags. Das gilt insbesondere für Vervielfältigungen, Bearbeitungen, Übersetzungen, Mikroverfilmungen und die Einspeicherung und Verarbeitung in elektronischen Systemen.
Die Wiedergabe von allgemein beschreibenden Bezeichnungen, Marken, Unternehmensnamen etc. in diesem Werk bedeutet nicht, dass diese frei durch jede Person benutzt werden dürfen. Die Berechtigung zur Benutzung unterliegt, auch ohne gesonderten Hinweis hierzu, den Regeln des Markenrechts. Die Rechte des/der jeweiligen Zeicheninhaber*in sind zu beachten.
Der Verlag, die Autor*innen und die Herausgeber*innen gehen davon aus, dass die Angaben und Informationen in diesem Werk zum Zeitpunkt der Veröffentlichung vollständig und korrekt sind. Weder der Verlag noch die Autor*innen oder die Herausgeber*innen übernehmen, ausdrücklich oder implizit, Gewähr für den Inhalt des Werkes, etwaige Fehler oder Äußerungen. Der Verlag bleibt im Hinblick auf geografische Zuordnungen und Gebietsbezeichnungen in veröffentlichten Karten und Institutionsadressen neutral.

Springer Gabler ist ein Imprint der eingetragenen Gesellschaft Springer Fachmedien Wiesbaden GmbH und ist ein Teil von Springer Nature.
Die Anschrift der Gesellschaft ist: Abraham-Lincoln-Str. 46, 65189 Wiesbaden, Germany

Wenn Sie dieses Produkt entsorgen, geben Sie das Papier bitte zum Recycling.

Was Sie in diesem *essential* finden

- Grundlagen zu Ethnomarketing, Migration und Märkten, Definitionen
- Ziele und Charakteristika der Marketingdisziplin Ethnomarketing
- Relevante Theorien und Modelle im Ethnomarketing-Kontext
- Einsatzfelder und Erfolgsfaktoren in Produkt-, Preis-, Vertriebs- und Kommunikationspolitik im Ethnomarketingmix

Vorwort

Tiefgreifende demografische, gesellschaftliche und kulturelle Transformationsprozesse aufgrund unterschiedlich motivierter Migration von Personen und Gruppen stellen nicht nur eine wachsende Herausforderung für Politik und Gesellschaft dar, sondern haben auch für Wirtschaft, Unternehmen und deren Marketing in Deutschland aktuelle Relevanz. Personen mit Migrationshintergrund bieten aufgrund ihres insgesamt hohen und wachsenden Anteils an der Bevölkerung einerseits Unternehmen ein quantitativ attraktives Käufer- und Konsumentenpotenzial. Andererseits sorgen diese spezifischen Zielgruppen gleichzeitig für eine Fragmentierung des Marktes. Und: Migrantische Verbraucher erweisen sich aufgrund ihrer lebensweltlichen Heterogenität und Andersartigkeit gegenüber der Mehrheitsgesellschaft als eine für das Marketing anspruchsvolle Zielgruppe. Denn Herkunft, Aufenthaltsdauer, Akkulturationsgrad, Milieuzugehörigkeit, Religiosität oder Sprachkompetenz erhöhen die Anforderung an eine Differenzierung im Marketing. Die Diversität dieser Verbraucher erfordert daher im Marketing eine präzise, sensible und authentische Adressierung von ethnisch oder migrantisch geprägten Zielgruppen mit Produkt, Preis, Distribution und Kommunikation. Abhängig vom Unternehmensangebot kann dabei Ethnomarketing ein ebenso strategisches Handlungsfeld wie ein taktisches Nischeninstrument darstellen, um im Marketing umsatzrelevant attraktive Zielgruppen anzusprechen oder erfolgreich neue Marktsegmente zu erschließen.

Dieses *essential* stellt die Grundlagen, Rahmenbedingungen und Erfolgsfaktoren von Ethnomarketing aus sachlicher Perspektive dar. Jedwede Thematisierung von Ethnien, Religionen, Kulturen, Ländern oder Geschlechtern beinhaltet keine Diskriminierung von Personen oder Gruppen.

Zur besseren Lesbarkeit wird im Buch das generische Maskulinum verwendet. Die verwendeten Personenbezeichnungen beziehen sich – sofern nicht anders kenntlich gemacht – auf alle Geschlechter.

Köln   Michael Kleinjohann
im Februar 2026

Inhaltsverzeichnis

Grundlagen des Ethnomarketings

1

Der Markt für Produkte und Dienstleistungen in Deutschland wird wie in anderen Ländern zunehmend von Konsumentengruppen geprägt, die sich insbesondere aufgrund ihres kulturellen und ethnischen Hintergrundes als marketingrelevante Population identifizieren, charakterisieren und von der Bevölkerungsmehrheit differenzieren lassen (Kotler et al., 2022, 100). Diese Gruppen sind aufgrund von Globalisierung und Flucht aus politischen, religiösen oder wirtschaftlichen Gründen aus ihrem Mutter-, Herkunfts- oder Heimatland nach Deutschland migriert (*„migrare"*, lat. = wandern, auswandern, sich verändern), haben sich hier angesiedelt und sind in dieser Gesellschaft und diesem Markt mit einer anderen Kultur als ihrer zeitweilig oder dauerhaft sesshaft geworden.

1.1   Migration und Markt

Im Jahr 2024 verfügten rund 25,2 Mio. der insgesamt 82,8 Mio. Einwohner Deutschlands – 30,4 % % der Gesamtbevölkerung – über einen **Migrationshintergrund** als Personen, die selbst oder deren mindestens ein Elternteil nicht mit deutscher Staatsangehörigkeit geboren wurde (BpB, 2025). Zur migrantischen Bevölkerung zählen Personen, die aus dem Ausland nach Deutschland gekommen sind („Zugewanderte Ausländer"), die die deutsche Staatsangehörigkeit erworben haben („Eingebürgerte"), die aus Nachfolgestaaten der ehemaligen Sowjetunion nach Deutschland zugewandert sind („Spät-Aussiedler") sowie deren Kinder und Enkel, die selbst oder ihre Eltern nicht die deutsche Staatsangehörigkeit durch Geburt besitzen. „Unter Migration versteht man im Allgemeinen die vorübergehende oder dauerhafte Veränderung des Wohnsitzes eines Menschen. [...] Von internationaler

© Der/die Autor(en), exklusiv lizenziert an Springer Fachmedien Wiesbaden GmbH, ein Teil von Springer Nature 2026
M. Kleinjohann, *Einführung in das Ethnomarketing*, essentials,
https://doi.org/10.1007/978-3-658-51354-2_1

Migration spricht man, wenn der Wohnsitzwechsel über Staatsgrenzen hinweg geschieht" (BMI, 2025, 16). Die Vertriebenen des Zweiten Weltkrieges und ihre Nachkommen zählen aufgrund ihres besonderen Status nicht zur Bevölkerung mit „Migrationshintergrund" (DESTATIS, 2022).

Die **Migrationspopulation** setzte sich 2024 zusammen aus 13,0 Mio. deutschen Staatsangehörigen (51,7 %) und 12,2 Mio. ausländischen Staatsangehörigen (48,3 %); knapp zwei Drittel (63,3 %) dieser migrantischen Bevölkerungsgruppe (15,9 Mio. Personen) waren sogenannte Erstmigranten, also Personen mit eigener Einwanderungserfahrung („Erste Generation"). Personen ohne eigene Migrationserfahrung als zweite oder dritte Generation bildeten 36,7 % der Bevölkerung mit Einwanderungshintergrund (9,2 Mio.). Diese Gruppe differenziert sich in deutsche Staatsangehörige ohne eigene Migrationserfahrung (29,9 %) und in Deutschland geborene Ausländerinnen und Ausländer (6,8 %) (BpB, 2025).

Hinsichtlich der **Herkunftsregionen** nimmt Europa eine herausragende Stellung ein: 29,6 % der Personen mit Migrationshintergrund in Deutschland stammten aus einem der 26 übrigen EU-Mitgliedstaaten, weitere 31,9 % aus einem sonstigen europäischen Staat. Die größten Herkunftsgruppen bildeten Personen mit Wurzeln in der Türkei (12,0 % bzw. 3,0 Mio.), gefolgt von Polen (8,8 % bzw. 2,2 Mio.), Russland (5,3 % bzw. 1,3 Mio.), der Ukraine (4,8 % bzw. 1,2 Mio.) und Rumänien (4,4 % bzw. 1,1 Mio.). Mit Kasachstan (5,2 % bzw. 1,3 Mio.) und Syrien (4,9 % bzw. 1,2 Mio.) gehören zwei nicht-europäische Staaten zu den bedeutendsten Herkunftsländern von Personen mit Einwanderungshintergrund. Die demografische Struktur deutet auf eine mittelfristig weiter steigende Bedeutung migrationsgeprägter Bevölkerungsteile hin: Im Jahr 2024 hatten bereits 42,6 % aller Kinder unter fünf Jahren einen Migrationshintergrund. In der Alterskohorte der 45- bis unter 55-Jährigen betrug der entsprechende Anteil 33,6 %, bei den 85- bis unter 95-Jährigen hingegen lediglich 9,8 % (BpB, 2025).

Die **Aufenthaltsdauer** von eingewanderten Personen weist auf den unterschiedlichen Anpassungszeitraum und das Integrationspotenzial an die neue Gesellschaft, die andere Kultur und auch den veränderten Konsummarkt hin: Die durchschnittliche Aufenthaltsdauer von nach Deutschland migrierten Personen oder ethnischen Gruppen liegt bei 20,3 Jahren. Die Mehrheit der Migrationspopulation mit 58,1 % lebt in Deutschland seit zehn und mehr Jahren, immerhin 41,9 % unter zehn Jahren. Eine Differenzierung der Aufenthaltsdauer von Zugewanderten nach Geburtsländern zeigt eine ambivalente Situation aufgrund der Migrationsmotive und politischen Ursachen: Einerseits leben aus den ehemaligen sogenannten Gastarbeiter-Anwerbeländern (z. B. Italien, Türkei, Portugal) und aus den Spätaussiedlungsherkunftsländern (z. B. Russland, Kasachstan, Polen) Migrierte schon seit mehreren Jahrzehnten in Deutschland zum Teil in 1. Generation oder als ihre in Deutschland geborenen Nachkommen der 2. Generation. So weisen 89,2 % der Zugewanderten mit kasachischem und 71,8 % mit russischem Migrationshintergrund sowie 78,9 % der Menschen mit türkischem und 58,7 % mit italienischem Migrationshintergrund im Jahr 2023 eine Aufenthaltsdauer von mindestens 20 Jahren auf. Andererseits lebt in Deutschland eine migrierte Population mit einem Anpassungszeitraum von unter zehn Jahren aus den Herkunftsländern Syrien (91,7 %), Ukraine (79,3 %) und Afghanistan (71,2 %) sowie Rumänien (48,3 %) und Bosnien und Herzegowina (43,4 %) (BMI, 2025, 208),

Personen mit Migrationshintergrund stellen nicht nur aufgrund der quantitativen Größe ihres Anteiles an der Bevölkerung eine relevante Gruppe dar, sondern insbesondere auch aufgrund ihres gegenüber nicht-migrantischen Deutschen diversen kulturellen und ethnischen Hintergrundes eine spezifische Zielgruppe für das Marketing von Produkten und Dienstleistungen. Denn die Sozialisierungsprozesse ihres Ursprungslandes in einem anderen kulturellen Kontext haben Migrierte nicht nur in ihrer Identität und in ihren Einstellungen als Individuen geprägt, sondern auch entsprechend in ihrem Kauf- und Konsumverhalten (Genkova, 2019, 284). Das Marketing von Produkten und Dienstleistungen und ihre Kommunikation erfordert daher eine Beachtung des unterschiedlichen Hintergrundes von Konsumenten mit einem nicht ursprünglich deutschen ethnischen Hintergrund.

1.2   Definitionen und Abgrenzungen

Ethnomarketing bezeichnet eine Marketingstrategie, die gezielt ausgerichtet ist auf die spezifischen Bedürfnisse, typischen Merkmale und kulturellen Besonderheiten ethnischer Minderheiten, kulturell definierter Gruppen oder Personen mit Migrationshintergrund, deren unmittelbares oder mittelbares Geburts- oder Herkunftsland nicht mit dem Land übereinstimmt, in dem sie dauerhaft leben, Produkte konsumieren und Services nutzen. Ethnomarketing berücksichtigt sowohl sprachliche als auch kulturelle Charakteristika von Ethnien sowie die Wünsche von ethnisch oder migrantisch geprägten Konsumenten und nutzt diese „Ethnic Consumer Insights“ als Basis, um Dienstleistungs- und Produktangebote, deren Preis, Distribution und Kommunikation im Marketingmix so konkret und differenziert zu gestalten und zu adressieren, dass sie in den spezifischen Ethno-Communitys positiv resonieren und für das Unternehmen absatz-, umsatz- oder imagefördernd wirken. Ethnomarketing basiert dabei auf der Annahme, dass ethnische Konsumentengruppen, die sich in einer nationalen Verbraucherbevölkerung in der Minderheit befinden und gegenüber dieser Mehrheit durch unterschiedliche Bedürfnisse und Präferenzen charakterisiert sind, durch standardisierte, undifferenzierte oder pauschale

Marketingstrategien und Kommunikationsmaßnahmen nur unzureichend adressiert werden können. Mit dem Begriff Ethnie („ἔθνος *éthnos*", altgr. = Volk, Stamm, Volkszugehörige) wird eine sozial konstruierte Gruppe von Menschen umschrieben, die sich selbst intuitiv als zusammengehörig wahrnimmt und von anderen Gruppen mit einer eigenen Identität wahrgenommen wird. Zu diesen Merkmalen zählen insbesondere eine gemeinsame geografische Herkunft, spezifische Sprache, bestimmte Religion und historische Erfahrung mit charakteristischen Traditionen, kulturellen Werten und Symbolen sowie kollektiven Erinnerungen, die für eine Ethnie eine subjektive Bedeutung für die Gruppenidentität und ihre soziale Anerkennung haben. Ethnische Zugehörigkeit kann im gesellschaftlichen Kontext situativ aktiviert, abgeschwächt oder transformiert werden. Ethnien können innerhalb eines Nationalstaates existieren, staatsübergreifend sein oder als Minderheiten- bzw. Mehrheitsgruppen auftreten; sie sind nicht deckungsgleich mit Nationen oder Kulturen, wenngleich es in Alltagssprache und politischen Diskursen häufig zu begrifflichen Überlagerungen kommt. Die Ansprache von Ethnien durch adäquate Angebote, Preise, Distributionskanäle und Kommunikation sowie kulturspezifische Markenerlebnisse in Form von Ethnomarketing stellt ein relevantes Element erfolgreicher Geschäftspolitik von Unternehmen dar (Bak, 2024, 193; Gerpott & Bicak, 2011, 97; Gutting, 2020, 179; Kalayci, 2024, 9; Müller & Gelbrich, 2015, 57; Pires & Stanton, 2020, 5; Şenöz Ayata, 2022, 96).

Ethnomarketing umschreibt somit eine spezifische Form des Marketings, das aus unterschiedlichen Perspektiven einen Absatzmarkt analysiert und segmentiert, Konsumenten und potenzielle Kunden identifiziert, definiert und differenziert, „um den heterogenen Bedürfnissen der Marktsegmente durch differenzierte Marktleistungen" (Meffert et al., 2024, 214) zu entsprechen. Eine Subform von Ethnomarketing stellt „Diaspora-Marketing" dar, bei der von Unternehmen Produkte aus der ehemaligen Heimat von Migranten an in ein neues Aufenthaltsland ausgewanderte Verbraucher vermarktet werden. Mit dem Begriff Diaspora („*διασπορά diasporá*", altgr. = Zerstreuung, Verstreutheit) wurden ursprünglich religiöse, nationale, kulturelle oder ethnische Gemeinschaften (z. B. jüdische) beschrieben, die ihre Heimat in der Regel unfreiwillig verlassen haben, global deterritorialisiert über verschiedene Kontinente und Nationalstaaten häufig als Minderheit hinweg leben, fortbestehen und eine Verbindung zum Heimatland aufrechterhalten (z. B. kosovarische Diaspora in der Schweiz, in Deutschland und in den USA; portugiesische Diaspora in Brasilien, Venezuela, Luxemburg, Frankreich, Kanada, Südafrika, Angola; polnische Diaspora in den USA, in Deutschland, im Vereinigten Königreich, in Brasilien, in Kanada und Frankreich) (BMZ, 2025; Nieswand, 2018; Yokoyama & Birchley, 2025, 17).

Internationales Marketing charakterisiert aus geografischer Perspektive die strategische Planung, operative Umsetzung sowie die Kontrolle länderübergreifenden Marketings von Unternehmen, die über nationalstaatliche Grenzen hinweg Produkte und Dienstleistungen in mehr als einem Land vermarkten (Homburg, 2020, 1180). Grundsätzlich beinhaltet internationales Marketing die initiale Erschließung von Märkten außerhalb des Heimatmarktes des Unternehmens sowie die Koordination der unterschiedlichen nationalen Absatzgebiete. Neben ökonomischen, politischen, rechtlichen oder strukturellen Rahmenbedingungen stellen im internationalen Marketing die kulturellen Eigenarten von Ländern wichtige Determinanten des unternehmerischen Erfolges dar. Im internationalen Kontext beinhaltet Ethnomarketing die Adressierung von heimischen Produkten eines Unternehmens an ethnisch geprägte Konsumentengruppen, die außerhalb des unternehmerischen Heimatlandes in einem geografisch definierten Markt(segment) dauerhaft leben (z. B. Lebensmittel aus der Türkei für in Deutschland lebende Türken) (Huber, 2016, 39; Walsh et al., 2020, 73).

Interkulturelles Marketing basiert auf der anthropologischen Annahme, dass die Kultur eines Landes, einer Gesellschaft oder einer Verbraucherpopulation von vielfältigen, unterschiedlichen Faktoren der vertrauten Eigenkultur von „Einheimischen" und der unvertrauten Fremdkultur von migrierten Mitgliedern in einer Nation geprägt ist. Die Diversität dieses im ökonomischen Sinne „Marktes" wird beeinflusst durch Traditionen, Werte, Normen, Sprache und Konfession als Kulturelemente oder ethnischen Ursprung (Genkova, 2019, 322; Müller & Gelbrich, 2015, 17). Neben den grundsätzlichen biologischen und psychischen Unterschieden von Konsumenten berücksichtigt dabei interkulturelles Marketing insbesondere die inter- oder multikulturelle Vielfalt in einem Markt. Ethnomarketing im Verständnis von interkulturellem Marketing fokussiert auf die ethnisch verursachte Heterogenität aufgrund unterschiedlicher Werte und Einstellungen, multipler Sitten, diverser Stile und divergierender Gewohnheiten verschiedener Gruppen von Verbrauchern, die Unternehmen in der Vermarktung ihrer Angebote (z. B. Lebensmittel, Bank- und Finanzdienstleistungen, Telekommunikation) strategisch entsprechend kultursensibel beachten (Gutting, 2020, 103; Hattburg, 2018).

Multikulturelles Marketing, „Subcultural Marketing" oder „Tribal Marketing" fokussiert mit speziellen oder zusätzlichen Produkten und dessen Marketing auf in der Regel kulturell geprägte, heterogene Konsumentengruppen (z. B. „Hispanic Americans", „Deutsch-Türken", „Russland-Deutsche") als „Subkulturen" oder „Stämme" in Form von gesellschaftlichen Mikro-Gruppen, die über Ortsverbundenheit, Verwandtschaft, Emotionen oder Leidenschaft in einer Beziehung stehen (Neculaesei, 2017, 125). Auch wenn die meisten Unternehmen und ihre

Marketingaktivitäten nicht *per se* multikulturell geprägt sind, berücksichtigen Hersteller, Händler und Dienstleister in ihrer Marktsegmentierung und -bearbeitung häufig eine Vielzahl von unterschiedlichen Submärkten, aus denen sich ein nationaler Markt gesamthaft zusammensetzt. Unternehmen ergänzen daher ihre standardisierten Leistungsangebote für den allgemeinen Markt häufig durch zusätzliche Produkte und Programme, die gezielt auf die besonderen Bedürfnisse und spezifischen Präferenzen bestimmter subkultureller Segmente ausgerichtet sind (Kotler et al., 2024, 164; Pires & Stanton, 2020, 7). Mit einem ethnischen Fokus kann multikulturelles Marketing mit der Adressatengruppe „Subkulturen" oder „Tribes" eine Form von Ethnomarketing darstellen.

Zielgruppenmarketing adressiert mit Produkten, Preisen, Verkaufskanälen und werblicher Kommunikation spezifische Gruppen von Konsumenten, die über ein Bündel ihrer gemeinsamen Einstellungen und Merkmale sowie ihres typischen Verhaltens als absatzrelevantes Marktsegment definiert sind. Die Identifikation der Zielgruppenmitglieder und potenzieller Kundencluster erfolgt nach den Kriterien der Homogenität, Trennschärfe, Stabilität, Relevanz, Wiedererkennbarkeit, Messbarkeit, Auffindbarkeit, Umsetzbarkeit und Wirtschaftlichkeit, um eine präzise und spezifische und damit ökonomisch erfolgreiche Ansprache für das vermarktende Unternehmen zu gewährleisten (Bruhn, 2024, 59; Kleinjohann, 2024b, 348). Im Gegensatz zu einer Massenmarktstrategie mit Standardangeboten fokussiert Zielgruppenmarketing gezielt auf einzelne Teilmärkte oder spezielle Personengruppen mit spezifischen Bedürfnissen, die sich einerseits vom Gesamtmarkt differenzieren und andererseits in sich homogen sind. Ethnomarketing stellt damit aus der Perspektive der Absatzgebietssystematisierung eine typische Form von Marktsegmentierungsstrategie und aus Sicht der Adressaten eine spezifische Art von klassischem Zielgruppenmarketing dar (Gutting, 2020, 180).

Diversity Marketing spricht insbesondere in der werblichen Kommunikation eine möglichst „bunte" Zielgruppe von verschiedenen Verbrauchern und Mitarbeitenden an, um der wachsenden Vielfalt, Heterogenität und Individualisierung der Gesellschaft in einer integrativen Vermarktung und integrierten Kommunikation von Angeboten gerecht zu werden. Diese Subgruppen definieren und differenzieren sich durch Kriterien wie sexuelle Orientierung oder Identifikation, Alter, Religion, physische oder psychische Behinderungen oder auch Ethnie (Franken, 2025, 131; Lebok & Ginzburg, 2023, 119). Unternehmen thematisieren deshalb im Employer Branding und in der Produktkommunikation mit dem Konzept des Diversity Marketings bewusst die Distinktion der Zielgruppe gegenüber der Allgemeinheit und fokussieren gezielt auf die Diversität der Adressaten gegenüber der Mehrheit der Verbraucher (z. B. Biertrinker im Rollstuhl, die Party machen; männliche Modells, die für Make Up werben; Männer, die putzen, waschen oder Kinder betreuen). Die Zielgruppen werden in der Kommunikation ihres „Anders-Seins" gegenüber der Mehrheit als *mainstream* strategisch nicht diskriminiert oder ausgegrenzt. Authentizität in der Kommunikation von Unternehmen ist dabei der relevante Erfolgsfaktor. Ethnomarketing stellt somit aus der Perspektive von gesellschaftlicher Diversität und Fragmentierung von Zielgruppen eine spezifische Form von Diversity Marketing mit einem Fokus auf Ethnizität dar.

Theorien und Modelle im Ethnomarketing 2

Neben genetisch bedingten Charakteristika und allgemeinpsychologischen Determinanten wie Wahrnehmung, Aufmerksamkeit, Lernen, Speichern oder Emotionen, die neuropsychologisch Entscheidungen, Verhalten, Fühlen, Kommunikation, Konsum oder Kauf von Individuen als Verbraucher beeinflussen, kommt dem sozialen und dem kulturellen Kontext von Zielgruppen eine entscheidende Rolle im Marketing zu. Einstellungen, Meinungen, Normen, Bewertungen und Verhalten von anderen Individuen, zu denen der Konsument in seinem sozialen Umfeld in einer direkten oder indirekten Beziehung steht, beeinflussen das grundsätzliche Verhalten jedes Individuums und die spezifischen Gewohnheiten von Konsumenten. Familie (z. B. Eltern, Großeltern, Ehepartner), informale Gruppen (z. B. Freundeskreis), formale Gruppen (z. B. Arbeitskollegium, Kommilitonen, Gläubige) und Mitgliedschaftsgruppen (z. B. Sport-, Kulturverein) prägen von Geburt an die Identität u. a. durch die räumliche Nähe, die gegenseitige Wahrnehmung sowie die kontinuierliche Wechselseitigkeit des sowohl kognitiven wie affektiven Charakters der Beziehung zwischen Individuum und Sozialsystem. Neben aspiratorischen Bezugsgruppen, die aus Vorbildern und expliziten Orientierungspersonen bestehen, die von Individuen bewundert werden (z. B. Stars, Prominente, Influencer) und dissoziativen Bezugsgruppen, deren Wertesystem und Verhalten das Individuum ablehnt und sich gezielt von diesen abgrenzt (z. B. Raucher, Rechtsradikale, Fleischesser), haben assoziative Bezugsgruppen hohe Relevanz für das Marketing: Als Gemeinschaften, denen Individuen oder Konsumenten ethnisch angehören und mit denen sie affektiv oder kognitiv von Geburt an verbunden sind, beeinflussen diese Cluster im direkten Umfeld Konsumenten in Kaufüberlegungen und -entscheidungen sowie Konsumgewohnheiten (Kleinjohann, 2024a, 108). Aufgrund ihrer primären und intensiven emotionalen Bindungsatmosphäre soziali-

© Der/die Autor(en), exklusiv lizenziert an Springer Fachmedien Wiesbaden GmbH, ein Teil von Springer Nature 2026
M. Kleinjohann, *Einführung in das Ethnomarketing*, essentials, https://doi.org/10.1007/978-3-658-51354-2_2

sieren insbesondere Familien und die von ihnen geprägte Kultur als gemeinsam ge-
bildete moralische Vorstellungen, gelebte Glaubenssätze oder vorgegebene Werte
(z. B. Familienwerte: „Das machen wir in unserer Familie so"; „No-Gos" im
Freundeskreis) Kauf und Konsum von Individuen.

2.1   Kulturen

Im erweiterten Umfeld von Individuen und Familien determinieren grundsätzlich
die Angehörigkeit zu einer Kultur und die Zugehörigkeit zu sozialen Schichten und
Milieus auch Kaufverhalten und Konsumgewohnheiten. Das Phänomen „Kultur"
(„*cultura*", lat. = Bearbeitung, Pflege, Bebauung, Anbau; „*cultus*", lat. = geistige
Erziehung, Zivilisation, Lebensweise, -gewohnheit) umschreibt als Konzept homogene Spezifika, ähnliche Charakteristika und übereinstimmende Muster, die über
soziale Systeme wie Familie oder Gruppen hinausgehend größere Gemeinschaften
aus Individuen kennzeichnen. Kultur als „intergesellschaftliche" Subkultur und
„intragesellschaftliches" Phänomen (Kroeber-Riel & Gröppel-Klein, 2019, 524)
beinhalten eine konsistente Gesamtheit von

- gesellschaftlich angestrebten Werten und Muss-, Soll-, Kann-Normen bzw.
  Tabus und Verboten, die Kommunikation und Verhalten *in toto* als allgemeines
  Leitbild und Orientierung regeln,
- gesellschaftlichem Wissen über die spezifische gemeinsame Vergangenheit eines Landes oder einer Ethnie als *quasi* mit der Geburt mitgegebener Rahmen
  und gesellschaftliches Gedächtnis sowie
- gesellschaftlichem Verhaltensmuster als Schema, Schablone und Standard für
  den Umgang von Individuen in spezifischen Situationen miteinander (z. B. bei
  Hochzeits-, Beerdigungszeremonien, Begrüßungs-, Verabschiedungsrituale,
  Anrede von Personen).

Kulturen lassen sich grundsätzlich systematisieren in

- Landeskultur als räumlich-geografisch gefasste Sammlung von Wissen, Werten
  und Ritualen (z. B. deutsche, türkische, mediterrane Kultur),
- Sprachkultur als Gesamtheit der gesprochenen und geschriebenen Sprache
  (z. B. deutscher, französischer, flämischer Sprachraum in Belgien),
- künstlerische Kultur als Gesamtheit intellektueller, ästhetischer oder geistiger
  Gemeinsamkeiten (z. B. Architektur, Musik, Film),

- Religionskultur als Gesamtheit homogenen religiösen Glaubens, Bekennens und Handelns (z. B. Christentum, Islam, Buddhismus),
- Branchenkultur als Gesamtheit der typischen Denkparadigmen und Verhaltensweisen in einer spezifischen Wirtschaftsbranche (z. B. Finanzbranche, Kreativwirtschaft, Immobilienbranche),
- Unternehmenskultur als gemeinsames Verständnis und typisches Leben von Wertekanon, Vision und Mission innerhalb eines konkreten Unternehmens oder spezifischen Unternehmenstyps (z. B. Google, Start-up, Familienunternehmen) sowie
- Abteilungs- oder Teamkultur als homogenes Verständnis von Einstellungen und einheitlichem Verhalten von unternehmensinternen Sacheinheiten (z. B. Marketing, Controlling, Personal) (Kleinjohann, 2024a, 110).

Das Phänomen Kultur ist im realen Leben von Ambivalenz gekennzeichnet: Die eine Kultur einerseits gemeinschaftlich charakterisierenden Werte, Prinzipien und Normen, Symbole und Verhalten sorgen andererseits für eine Distinktion gegenüber anderen Gesellschaften, Gemeinschaften und Gruppen (Gutting, 2020, 103). Des Weiteren werden Individuen gleichzeitig von den verschiedenen Kulturen (z. B. Landes-, Religions-, Unternehmenskultur) multipel sozialisiert.

Kultur determiniert grundsätzlich das Sozialverhalten von Individuen als Mitglieder einer Gesellschaft und speziell das Konsumverhalten von Individuen als Verbraucher in einem Markt. Das grundsätzliche Verständnis von Kultur und das spezifische Wissen über verschiedene Kulturen als Determinante von Kauf und Orientierungssystem bei Konsum sind somit wichtige Voraussetzungen für erfolgreiches Marketing. „Interkulturelle Kompetenz" als Fähigkeit mit Individuen aus verschiedenen Kulturen zu interagieren, stellt einen wichtigen Erfolgsfaktor im Marketing dar (Gutting, 2020, 104; Müller & Gelbrich, 2015, 17). Die Herausforderung im Marketing besteht darin, insbesondere die grundsätzliche Komplexität und die für das Marketing spezifischen Eigenarten von Kulturen zu erfassen. Verschiedene Theorien und zum Teil empirisch gestützte Modelle erklären und unterstützen das Verständnis von Kultur im Marketing.

2.1.1 Zwiebelmodell der Kultur

Das sogenannte Zwiebelmodell („onion model") wurde von Geert Hofstede konzipiert, um die unterschiedlichen Ebenen kultureller Prägung und deren gegenseitige Abhängigkeiten ebenso differenziert wie praxisnah zu veranschaulichen. Hofstede gliedert Kultur in die Dimensionen Symbole, Helden, Rituale und Werte; die vier

Ebenen sind konzentrisch angeordnet und unterscheiden sich hinsichtlich ihrer Sichtbarkeit und Veränderbarkeit. Die Symbole bilden die äußerste Schicht der „kulturellen Zwiebel" und umfassen sichtbare Ausdrucksformen einer Kultur (z. B. Sprache, Kleidung, Gesten). Die Helden (z. B. Menschen, Stars) und Rituale (z. B. Gebräuche, Umgangsformen) schließen sich als weitere Schichten an und werden von Hofstede gemeinsam mit den Symbolen als kulturelle Praktiken bezeichnet – Elemente, die für Außenstehende unmittelbar wahrnehmbar sind. Im Zentrum des zwiebelförmigen Modells befinden sich die Werte, die den Kern der Kultur bilden. Sie repräsentieren grundlegende Überzeugungen, Normen und Einstellungen, die das Verhalten der Mitglieder einer Kultur tiefgreifend prägen. Diese Werte sind für Kulturfremde nur indirekt erkennbar und erweisen sich als besonders stabil und resistent gegenüber Veränderungen, da sie über längere Zeiträume hinweg tradiert und internalisiert werden (Hofstede, 1984; 1991; 2001, 11).

2.1.2 Concepta- und Percepta-Modell

Mit der Unterscheidung zwischen „Artefakt"/„Percepta" und „Mentefakt"/ „Concepta" konzeptionierte Osgood ein differenziertes Modell zur Erklärung und zum Verständnis von Kultur. Osgood reflektiert und diskutiert die Problematik, Kultur sowohl als empirisch im Sinne von messbar und beobachtbar, als auch als nicht-empirisch im Sinne von Bedeutungs-, Sinn- oder Wert-Dimensionen zu verstehen (Osgood, 1951, 202). Dabei leitet er zwei Paarungen ab: Concepta („mentale Konstrukte", „Mentefakt") als geistige oder mentale Tatsachen gegenüber Percepta („Wahrnehmungen/Empfindungen", „Artefakt") als materielle Objekte bzw. beobachtbare Handlungen. Kultur sei zum Teil als Empirie zugänglich – etwa durch messbare Verhaltensmuster, Institutionen oder materielle Ausdrucksformen – und zum Teil als nicht-empirisch, da sie Bedeutungssysteme, Wertorientierungen und Sinnstrukturen enthält, die nicht unmittelbar beobachtbar sind (Osgood, 1951, 203). Ähnlich wie das sogenannte „Eisbergmodell", verdeutlicht das Modell, dass nur ein kleiner Teil von Kultur für Beobachter direkt zugänglich, sichtbar oder „manifest" ist (z. B. Architektur, Kleidung, Sprache, Gebräuche, Vorlieben, Gewohnheiten, Geschmäcker, Vorstellungen) (Gutting, 2020, 106; Müller & Gelbrich, 2021, 67). So zählen zu den erklärenden Concepta nicht-empirisch erfassbare Mentefakte in Form von Weltbildern (z. B. christlich-abendländisch, deterministisch, marxistisch), Tabus (z. B. Essen von Schweinefleisch, Inzestverbot, Homosexualität), Normen (z. B. Ehre, Gerechtigkeit, Toleranz), Werten (z. B. Autonomie, Gleichheit, Harmonie) oder Einstellungen (z. B. Weltoffenheit, Kaufbereitschaft). Zu den empirisch zugänglichen und damit beschreibenden Percepta gehören Artefakte wie Phänomene sozialer Kultur (z. B. Symbole, Rituale, Mythen) und materieller Kultur (z. B. Architektur, Kleidung, Werkzeuge) (Müller & Gelbrich, 2021, 69; Bak, 2024, 184).

2.1.3 Modell der impliziten und expliziten Kultur

Mit dem Fokus auf dem Zusammenspiel von „expliziter" und „impliziter Kultur" differenziert auch Trompenaars (1996, 51) das Phänomen Kultur ähnlich wie Osgood. Er beschreibt Kultur nicht primär als statisches Set von Merkmalen, sondern als eine Art Lösungsmechanismus von Menschengruppen im Umgang mit grundlegenden Dilemmata (z. B. Mensch-Natur, Zeit, Beziehungsmuster). Dabei unterscheidet er implizite und explizite Elemente kultureller Prägung: Explizite Kultur umfasst die sichtbaren, bewusst artikulierbaren Elemente – sogenannte Artefakte (z. B. Produkte, Gebäude, Sprache), Verhaltensweisen, regulative Praktiken, sprachliche und symbolische Erscheinungsformen. Implizite Kultur hingegen verweist auf die weniger zugänglichen Schichten von Kulturen: Grundannahmen, Werte, Normen – typischerweise unbewusst, internalisiert, nicht unmittelbar artikuliert oder reflektiert. Die Differenzierung von Trompenaars hat Marketingrelevanz, weil in interkulturellen Geschäftsbeziehungen häufig allein explizite Aspekte wahrnehmbar sind (z. B. Sprache, Kleidung, Kommunikationsstil), während jedoch implizite Ebenen den entscheidenden Einfluss auf Wahrnehmung, Interpretation und Handlung haben. Erfolgreiches Marketing, dass Zielgruppen unterschiedlicher Kulturen oder Ethnien adressiert, bedarf daher einer Strategie, die beide Kulturebenen beinhaltet: die sichtbaren Ausdrucksformen und die unsichtbaren Grundannahmen.

2.1.4 Modell der Kulturdimensionen

Ursprünglich 1980 nur als Instrument entwickelt, um bei Mitarbeitern von IBM in über 70 Ländern arbeitsbezogene Werte zu erfassen, kulturelle Unterschiede systematisch vergleichbar zu machen und somit nach Land unterschiedliche Arbeitskultur zu erklären, eignet sich das Kulturdimensionsmodell von Hofstede durch Weiterentwicklungen und Aktualisierungen auch dazu, kulturbedingte Gesetzmäßigkeiten und Besonderheiten des Verhaltens von Konsumenten zu interpretieren. So zählt Hofstedes „Cultures Consequences" zu den 25 am häufigsten zitierten Werken der Sozialwissenschaft (Müller & Gelbrich, 2021, 90). Basis des Modells ist die angenommene mentale Programmierung von Individuen als Arbeitnehmer wie als Konsumenten, die aus universeller und ererbter menschlicher Natur, gruppen- oder kategorienspezifischer und erlernter Kultur sowie individueller und teils ererbter, teils erlernter Persönlichkeit besteht (Hofstede, 1993, 19). Diese einerseits persönliche, andererseits landesspezifische Kultur lässt sich an mehreren Kriterien empirisch festmachen, die Hofstede im Laufe der Weiterentwicklungen des Modells in vier (IDV-PDI-UAI-MAS; Hofstede 1984) über fünf (IDV-PDI-UAI-MAS-LTO; Hofstede 1991) bis zu sechs (IDV-PDI-UAI-MAS-PRA/MON-IND; Hofstede 2011) grundlegende Dimensionen differenziert (Gelbrich & Müller, 2021, 80). Bis heute empirisch operationalisiert ist das Kulturdimensionsmodell in:

1. **Individualismus vs. Kollektivismus („Individualism Index/IDV")**: Die Relevanz für das Konsumgütermarketing dieser Dimension liegt z. B. darin, dass individualistische Märkte bzw. geprägte Zielgruppen eher auf personalisierte Markenbotschaften reagieren („Just do it"), kollektivistische Märkte gemeinschaftsorientierte Kommunikation bevorzugen („Familie", „Wir-Gefühl"). Die Produktgestaltung und die Marketingkommunikation sollte also z. B. kulturelle Rollenbilder und Zugehörigkeitsaspekte reflektieren.

2. **Akzeptanz von Machtdistanz („Power Distance Index/PDI")**: Die Bedeutung der Dimension im Konsumgütermarketing zeigt sich darin, dass z. B. in Kulturen mit hoher Machtdistanz Prestigeprodukte und Luxusmarken stärker wirken („Zeig mir, wer du bist") und in egalitären Kulturen Marken eher Authentizität und Bodenständigkeit betonen. In der Werbung sollten daher die Rollen von Autoritätspersonen oder Testimonials unterschiedlich eingesetzt werden.

3. **Ungewissheitsvermeidung („Uncertainty Avoidance Index/UAI")**: In der Beachtung dieser Dimension im Marketing sind z. B. in Kulturen mit hoher Unsicherheitsvermeidung Zertifikate, Garantien, Markenvertrauen entscheidend, in risikooffenen Kulturen können neue Produkte oder kreative Kampagnen schneller Akzeptanz finden. Der Kommunikationsstil im Marketing gegenüber Konsumenten sollte also sensibel differenzieren zwischen strukturierten Argumenten und emotionaler Spontanität.

4. **Feminine vs. Maskuline Orientierung („Masculinity Index/MAS")**: Maskuline Märkte reagieren eher auf leistungs- und erfolgsbetonte Botschaften („Der Beste seiner Klasse"); Verbraucher in femininen Märkten sind erfolgreicher mit harmonie- und lebensqualitätsorientierter Werbung zu adressieren („Wohlfühlen", „Balance"). Das Produktdesign und die Marketingkommunikation sollten also zwischen emotionalen und funktionalen Nutzen differenzieren und diesen entsprechend betonen.

5. **Langfristorientierung vs. Kurzfristorientierung („Long Term Orientation/LTO")**: Im Marketing reagieren langfristorientierte Kulturen auf Marken mit

stabiler Reputation und langfristigem Nutzenversprechen; kurzfristorientierte Gesellschaften bevorzugen Trendprodukte, Rabattaktionen und unmittelbare Belohnung. Nachhaltigkeit und Langlebigkeit sind also kulturabhängig unterschiedlich vermarkt- und kommunizierbar.

6. **Genussorientierung vs. Selbstbeherrschung („Indulgence vs. Restraint/ IND"):** Entsprechend dieser Dimension, im Jahr 2011 in das Modell ergänzt, wirken in genussorientierten Kulturen im Marketing emotionale, erlebnisorientierte Kampagnen („Celebrate your life"); in restriktiven Kulturen sollte Marketingkommunikation Werte wie Pflicht, Zweck oder Qualität betonen. Die Werbekommunikation sollte also je nach Kultur hedonistische oder funktional-rationale Werte adressieren.

Das Hofstede-Modell bietet somit einen interkulturellen Orientierungsrahmen, um Marketingkommunikation und Produktgestaltung an unterschiedliche kulturelle Werte systematisch und strategisch anzupassen, indem es nicht nur ökonomische, sondern vor allem kulturell-psychologische Konsummuster berücksichtigt.

2.2 Milieus

Der Begriff Milieu (*„milieu"*, frz. = Mitte, Umwelt, Umgebung) beschreibt eine soziale Gruppe von Individuen in einer Gesellschaft, die durch ähnliche Lebensstile, Wertorientierungen und soziale Verhältnisse verbunden sind. Die Charakterisierung eines Milieus umfasst damit weit mehr als ökonomische oder demografische Merkmale. Milieus bilden symbolische Umfelder und kulturelle Räume, in denen sich gemeinsame Lebensauffassungen, Einstellungen und Verhaltensmuster von Individuen in einer Homogenität manifestieren. Sie spiegeln, wie Menschen ihre soziale Wirklichkeit deuten, strukturieren und im Alltag gestalten. Milieuspezifische Werte und Normen drücken sich in charakteristischen Praktiken und Konsumformen aus, die zugleich Zugehörigkeit und soziale Abgrenzung markieren.

2.2.1 SINUS-Milieu-Modell

Das Konzept der sogenannten SINUS-Milieus basiert auf der Idee sozial-kultureller Gruppierungen und stellt ein empirisch fundiertes Modell der Gesellschaftssegmentierung dar. Anstelle traditioneller Schichtmodelle, die primär ökonomische Kriterien berücksichtigen, erfassen die Milieus von SINUS die Lebenswelten von

Menschen anhand der zentralen Dimensionen soziale Lage (Bildungsstand, Beruf, Einkommen) und kulturelle Grundorientierung (Werte, Lebensziele, Lebensstile) und strukturieren ein zweiachsiges Modell, in dem zehn Milieus als fließende, amorphe Cluster dargestellt werden (Barth et al., 2018, 5). Die SINUS-Milieus ermöglichen eine lebensnahe Abbildung gesellschaftlicher Diversität, indem sie grundlegende Wertorientierungen, Einstellungen zu Arbeit, Familie, Freizeit, Konsum und Medien sowie kulturelle Präferenzen berücksichtigen. Dadurch liefern sie ein tiefes Verständnis dafür, was verschiedene Gruppen in einer Gesellschaft bewegt und wie sie kommunikativ erreicht werden können. Über das deutsche Modell hinaus wurden die SINUS-Milieus international adaptiert und in über 45 Ländern empirisch validiert. Das Milieumodell von SINUS umfasst und charakterisiert für Deutschland zehn verschiedene Milieus in vier Milieuobergruppen (Sinus, 2025).

2.2.2 SINUS-Migrations-Milieu-Modell

Die Milieuforschung auf Basis der SINUS-Milieus findet auch Anwendung in der Erforschung und Darstellung der Lebenswelten von Konsumenten mit migrantischem Hintergrund. „In der Population der Menschen mit Migrationshintergrund zeigt sich, wie in der einheimischen Bevölkerung, eine vielfältige und differenzierte Milieulandschaft – eine Pluralität von Lebensauffassungen und Lebensstilen. Die Migranten-Milieus unterscheiden sich dabei weniger nach ethnischer Herkunft als nach ihren Wertvorstellungen, Lebensstilen und ästhetischen Vorlieben. Die Herkunftskultur prägt zwar maßgeblich die Identität, aber sie determiniert nicht die milieukonstitutiven Grundorientierungen und Werthaltungen, die vom Verhaftetsein in vormodernen, konservativ-religiösen Traditionen über das Streben nach materieller Sicherheit, das Streben nach Erfolg, Besitz und gesellschaftlichem Aufstieg, das Streben nach Selbstverwirklichung und Emanzipation bis hin zu Entwurzelung, Unangepasstheit und Sinnsuche reichen " (Flaig & Schleer, 2017, 116). Kennzeichnend für die migrantische Milieulandschaft ist zudem aber auch eine Ambivalenz in der die Anpassungsbereitschaft von Personen mit migrantischem Hintergrund an das einheimische Milieu und die Identifikation mit Deutschland. Einerseits ist ein Konvergenzprozess mit der Integration in Deutschland bei gleichzeitigem Festhalten an der ursprünglichen Kultur und dem Milieu im Ursprungsland festzustellen. Andererseits sind Tendenzen zur Segregation und Distinktion zu identifizieren, mit dem Festhalten an heimatlichen Traditionen aufgrund eines stärkeren Zugehörigkeitsgefühls zur Herkunftskultur und Fremdfühlen in der deutschen Kultur (Flaig & Schleer, 2017, 118). Analog zu den zehn grundlegenden Milieus sind zehn typische Migranten-Milieus anhand ihrer Wertorientierungen, Lebensziele, Wünsche und Zukunftserwartungen auf Basis der SINUS-Daten identifizierbar (Hallenberg, 2018, 14; Sinus, 2018):

1. **Statusbewusstes Milieu:** Aufstiegsorientiertes Milieu mit traditionellen Wurzeln, das durch Leistung und Zielstrebigkeit materiellen Wohlstand und soziale Anerkennung erreichen will, ohne seine Bezüge zur Herkunftskultur aufzugeben.
2. **Traditionelles Arbeiter-Milieu:** Etabliertes traditionelles Milieu der Arbeitsmigranten und Spätaussiedler, das nach materieller Sicherheit und Anerkennung strebt und sich angepasst hat, ohne anzuecken.
3. **Religiös-Verwurzeltes Milieu:** Archaisches, patriarchalisch geprägtes, sozial und kulturell isoliertes Milieu, verhaftet in den vormodernen Mustern und religiösen Traditionen der Herkunftsregion, mit deutlichen Rückzugs- und Abschottungstendenzen; (Familien-)Traditionspflege des Herkunftslandes.
4. **Prekäres Milieu:** Um Orientierung, Heimat/Identität und Teilhabe bemühte Unterschicht mit starken Zukunftsängsten, Ressentiments und einer oft fatalistischen Lebenseinstellung, die sich ausgeschlossen und benachteiligt fühlt.
5. **Konsum-Hedonistisches Milieu:** Junges freizeitorientiertes Unterschichtmilieu mit defizitärer Identität und Underdog-Bewusstsein, auf der Suche nach Spaß, Unterhaltung und Konsum, dass sich Leistungs- und Anpassungserwartungen der Mehrheitsgesellschaft verweigert.
6. **Bürgerliche Mitte:** Leistungs- und anpassungsbereite Mitte der Migrantenpopulation, die sich mit den Verhältnissen im Aufnahmeland identifiziert, nach sozialer Akzeptanz und Zugehörigkeit strebt und harmonisch und abgesichert leben möchte.
7. **Adaptiv-Pragmatisches Milieu:** Optimistischer, leistungs- und familienorientierter junger Mainstream mit Freude am technischen Fortschritt, pragmatisch-realistischen Zieldefinitionen und hoher Anpassungsbereitschaft.
8. **Experimentalistisches Milieu:** Individualistisches Milieu der spaß- und szeneorientierten Nonkonformisten mit ausgeprägter Experimentierfreude, Distanz zum Mainstream und Fokus auf dem Leben im Hier und Jetzt.
9. **Milieu der Performer:** Zielstrebige multioptionale, global denkende Zukunftsoptimisten mit hoher Technik- und IT-Affinität, großem Selbstbewusstsein und gehobenen Stil- und Konsumansprüchen.
10. **Intellektuell-Kosmopolitisches Milieu:** Erfolgreiche, aufgeklärte Bildungselite mit liberaler und postmaterieller Grundhaltung, einem multikulturellen Selbstverständnis und vielfältigen intellektuellen Interessen.

Neben ihrem sozialen und beruflichen Status, ihren Lebenszielen, Wünschen und Zukunftserwartungen unterscheiden sich migrantische Milieus untereinander auch in der Nutzung der Sprache des Herkunftslandes in der engsten sozialen Gruppe von Freunden und Bekannten sowie im Kontakt mit Deutschen (Hallenberg, 2018, 24, 41). Gegenüber der heimischen Bevölkerung und ihren Milieus besteht der signifikanteste Unterschied von Migranten zu Einheimischen in der Bewertung von Rollen- und Familienbildern und Moralvorstellungen insbesondere in der unterschiedlichen Familienorientierung und -bindung (Hallenberg, 2018, 88). Von allen Migrantenmilieus „wird eine möglichst vollständige Teilhabe am Leben in Deutschland unter Beibehaltung der eigenen kulturellen Wurzeln eingefordert. Im Hinblick auf die Nähe bzw. Distanz zu den Deutschen zeigen sich bereits erste Abweichungen zwischen den Milieus, die bei bi-kulturellen Orientierungen und dem Thema Entwurzelung weiter zunehmen. Starke Abweichungen zum Durchschnitt der Befragten sind bei diesen Themen vor allem bei den Religiös-Verwurzelten, teilweise aber auch bei den sozial schwachen Milieus der Prekären und Konsum-Hedonisten zu beobachten" (Hallenberg, 2018, 20).

Die insbesondere einseitige Anpassung an die deutsche Gesellschaft und Kultur differiert nach der Herkunftsregion: Grundsätzlich stimmen der Forderung nach Anpassung 54,3 % der Migranten zu – die stärksten Befürworter stellen mit 63,1 % Zuwanderer aus der ehemaligen Sowjetunion dar, Türken mit Migrationshintergrund befürworten die Assimilation mit 39,6 %. Die geringste Zustimmung zu einer „einseitigen Anpassung" an Deutsche zeigen Migranten aus Syrien und dem Irak mit 25,9 (Hallenberg, 2018, 24).

2.3   Akkulturation

Die Bewegung von Migranten von ihrem Herkunftsland mit einer Heimatkultur in ein Aufnahmeland mit Einheimischen und einer davon abweichenden Mehrheitskultur beinhaltet für beide Gruppen den Willen und die Fähigkeit zur Akzeptanz und Integration bislang fremder Kulturen und ungewohnter Gewohnheiten. Diese Adaption und „Akkulturation bezeichnet den Prozess, in dem Gruppen und Individuen mit unterschiedlichen kulturellen Hintergründen aufeinandertreffen und sich gegenseitig beeinflussen" (Genkova, 2019, 289). Die Orientierung von Migrierenden als Minderheitengruppe oder Individuen an dem Gastland und der zukünftigen Heimatlandkultur ist von vier Strategieformen gekennzeichnet:

1. **Integration** mit der Aufrechterhaltung der Herkunftskultur bei gleichzeitiger Kontaktherstellung zur Kultur des neuen Aufenthaltslandes und der Identifikation mit der Kultur der Heimat wie auch des Aufnahmelandes.
2. **Assimilation** mit der einseitigen Anpassung an die Aufnahme- bzw. Mehrheitskultur bei gleichzeitiger Aufgabe der eigenen Herkunftskultur und der mehr oder weniger weitgehenden Übernahme der Kulturstandards, Normen und Werte des neuen Aufenthaltslandes.
3. **Separation** mit der einseitigen Fokussierung auf die Kultur des Herkunftslandes bei gleichzeitiger Vermeidung der Orientierung und des Kontaktes mit der Mehrheitskultur des Aufnahmelandes.
4. **Marginalisierung** mit der Aufgabe oder dem Verlust der Herkunftskultur bei gleichzeitiger Isolation und Distanz von der Kultur der neuen Aufnahmegesellschaft („Dekulturation") (Berry, 1980; Berry & Sam, 2013; Genkova, 2019, 291; Müller & Gelbrich, 2015, 27; Pires & Stanton, 2020, 49).

Im Prozess der Anpassung zwischen den Extrempolen der kompletten Integration durch Migranten in die neue Kultur bei gleichzeitiger Aufgabe ihrer bisherigen Kultur einerseits und andererseits der Separation von der neuen Gesellschaft bei zeitgleichem Festhalten an der Kultur des Herkunftslandes sind grundsätzlich vier zeitliche Phasen identifizierbar.

1. **„Honeymoon Stage"** mit der Faszination von neuen Eindrücken und positiven Erlebnissen in der ersten Phase der Anpassung an eine neue Kultur.
2. **„Crisis"** mit der Konfrontation und dem alltäglichen Leben unter realen Bedingungen der Kultur mit dem kritischen Erkennen von Unterschieden, Problemen und möglichen Unvereinbarkeiten („Kulturschock") – und mit einem die Gastkultur eher distanzierendem Verhalten, einer Abkapselung und der Fokussierung auf die Community von Landsleuten im Migrationsland.
3. **„Recovery"** mit größerem Verständnis und geringerer Kritik aufgrund verbesserter Kenntnis von Sprache, Kultur und Regeln des Aufnahmelandes.
4. **„Adjustment"** mit der tatsächlichen Anpassung von Migranten an die bislang fremde Aufnahmekultur mit Akzeptanz der bis dahin fremden Gewohnheiten und zunehmendem Wohlfühlen in der neuen Kultur des neuen Aufenthaltslandes (Oberg, 1960, 177).

Der Prozess der Akkulturation wird in seiner Ausprägung und Geschwindigkeit von physischen, wirtschaftlichen, sozialen und kulturellen Faktoren determiniert wie u. a. auf Gruppenebene durch den politischen, wirtschaftlichen und demografischen Hintergrund der Herkunftsgesellschaft und das Verhalten, die kulturelle

Einstellung und die soziale Unterstützung der neuen Heimatgesellschaft sowie auf individueller Ebene durch soziodemografische Faktoren wie Alter, Geschlecht, Bildung und Vorakkulturation, persönlich-charakterliche Variablen wie z. B. Flexibilität, sozial-psychologische Faktoren wie Status, Motivation der Migration, Erwartungen an das neue Wohnland sowie kulturelle Faktoren wie Religion oder Sprachaneignungskompetenz (Genkova, 2019, 307).

2.4   Religionen

Religionen stellen für Individuen, Gesellschaften und Länder tiefgehende und grundsätzlich prägende Determinanten dar. Als schon von früher Jugend an familiär sozialisierend kommen Religion und Religiosität als persönliche und individuelle Fähigkeit, sich einer Religion als Glaubenslehre zuzuwenden und zu einer Religionsgemeinschaft zuzugehören, auch in der Akkulturation hohe Relevanz zu. So hat für 42 % der Migranten in Deutschland Religion eine „sehr große" oder „große Bedeutung" in ihrem Leben – je nach Konfession ist diese unterschiedlich hoch: Die größte Bedeutung hat die Religion bei Muslimen (68,3 %) –insbesondere bei denjenigen, die sich mit Deutschland „weniger stark" (83,6 %) oder „gar nicht verbunden" (88,9 %) fühlen sowie orthodoxen Christen (42,0 %) (Hallenberg, 2018, 27). Die Religionsrelevanz ist zudem beeinflusst vom Zeitraum bzw. Zeitpunkt der Einwanderung nach Deutschland – bei den vor dem Jahr 1980 Eingereisten (47,9 %) und den ab dem Jahr 2009 (51,7 %) Zugewanderten hat die Religion einen deutlich größeren Stellenwert als bei den Migrationsgruppen der zwischen den Jahren 1980 und 1989 (40,8 %), 1990 und 1999 (39,9 %) sowie 2000 bis 2009 (45,9 %) nach Deutschland Eingewanderten. Abhängig von der Zugehörigkeit zu einem Migrationsmilieu unterscheidet sich die Zu- und Abnahme der Wichtigkeit von Religionen: „Mehrheitlich wachsende Bedeutung hat die Religion bei den Religiös-Verwurzelten, insbesondere den Muslimen unter ihnen, sowie den muslimischen Prekären. In etwa die Waage halten sich Zu- und Abnahme bei den Statusbewussten sowie den muslimischen Adaptiv-Pragmatischen. Ein stark überwiegender Rückgang der Religiosität ist dagegen bei den modernen, kreativen Milieus festzustellen, und zwar auch bei den Muslimen unter ihnen" (Hallenberg, 2018, 28).

Die soziale Orientierung von in Deutschland lebenden Migranten wird zudem grundsätzlich durch eine eher traditionelle Einstellung zu Familienbild und Rollenbildern geprägt, die sich von denen der einheimischen Bevölkerung unterscheidet, und im Zusammenhang mit der eigenen Religiosität stehen. Die wichtigste Aufgabe des Mannes als „Ernährer und Beschützer seiner Familie" sehen besonders

deutlich Migranten aus Syrien und dem Irak (50,0 %), der Türkei (48,2) und Nord-
Afrika (45,9 %) im Vergleich zu dem Durchschnitt der Migranten (33,6 %). Ebenso
überdurchschnittlich stimmen der Wichtigkeit des Mannes Migranten mit muslimi-
scher Glaubenszugehörigkeit (49,7 %) und Orthodoxe (49,7 %) zu (Hallenberg,
2018, 33). Je nach Migrantenmilieu unterscheiden sich auch hier die Einstellungen:
Besonders ausgeprägt ist ein patriarchalisch-konservatives Frauen- bzw. Männer-
bild im Milieu der Religiös-Verwurzelten (Index 142) und Prekären (Index 124) im
Vergleich zu den Performern (Index 67), Intellektuell-Kosmopolitischen (Index
48) und Experimentalisten (Index 50) (Hallenberg, 2018, 34).

2.5 Sprachen

Neben formaler Bildung und beruflicher Qualifikation stellt der Erwerb der Sprache des Aufnahmelandes eine zentrale Determinante in der sozialen Akkulturation
von Migranten dar; sie ist in den Zuwanderungsgenerationen, abhängig vom Zeitpunkt der Einwanderung, unterschiedlich ausgeprägt. *De nature* fällt der Spracher-
werb im Kindesalter bei den selbst Zugewanderten im Vergleich zur ersten oder
zweiten im Aufnahmeland geborenen und aufgewachsenen Nachfolgegeneration
deutlich geringer aus. So gaben z. B. 27,0 % der selbst zugewanderten Muslime in
Deutschland, Österreich, der Schweiz, Großbritannien und Frankreich an, die Landessprache bereits im Kindesalter gelernt zu haben; unter den Angehörigen der
Nachfolgegenerationen waren es schon 76,0 % (Halm & Sauer, 2017, 28).

Erfolgsfaktoren des Ethnomarketings 3

Globalisierung, Digitalisierung, Dynamiken in Demografie, Wertewandel und Rollenbildern wie auch Individualisierung von Lebensmodellen erzeugen in Gesellschaft und Wirtschaft eine grundsätzlich weltweit wachsende Diversität an Identitäten, Lebens- und Arbeitsformen sowie Kauf- und Konsumverhalten (Franken, 2025, 316; Kotler et al., 2024, 92; Meffert et al., 2024, 139). Diese Vielfalt u. a. in Geschlecht, migrantischem Hintergrund und ethnischem Kontext führt zu segmentierten Märkten und fragmentierten Zielgruppen, die für Unternehmen aufgrund ihrer Varianz und Vielzahl zunehmende Herausforderungen an das Marketing für Produkte und Dienstleistungen stellt. In national wie international orientiertem Marketing gilt es daher für erfolgreiches Planen und Agieren die grundsätzlichen Determinanten von Märkten, Marktsegmenten und Konsumentenpotenzialen zu identifizieren, ihre Auswirkungen auf den Marketingmix zu erkennen und im Management damit adäquat umzugehen. Einflussfaktoren der Mikro- und Makroumwelt stellen u. a. dar: diverse Bedürfnisse, Gewohnheiten, Ansprüche und Wünsche von Konsumenten, kulturelle Kontexteinflüsse durch Religionen, Sitten und moralische Codices, unterschiedliche Reaktionen von Verbrauchern auf Produkt, Preis, Distributionskanäle und Kommunikation oder landestypische Größe und Vielfalt der Medien- und Kommunikationslandschaft (Gutting, 2020, 101; Meffert et al., 2024, 70).

Aus der Erkenntnis, dass sich in einem Markt ethnisch definierte Gruppen von der Mehrheitskonsumentenschaft durch kulturelle Werte, Tradition, Sprache und Verhalten unterscheiden sowie ethnische Identität, wahrgenommene Authentizität und eingesetzte Stereotypisierung in der Kommunikation die Reaktionen von Verbrauchern mit Migrationshintergrund beeinflussen, gilt es den Mix aus Produkt,

© Der/die Autor(en), exklusiv lizenziert an Springer Fachmedien Wiesbaden GmbH, ein Teil von Springer Nature 2026

M. Kleinjohann, *Einführung in das Ethnomarketing*, essentials, https://doi.org/10.1007/978-3-658-51354-2_3

Preis, Vertrieb und Werbung auf das Ethnomarketing entsprechend anzupassen (Licsandru & Cui, 2019; Roux & Potgieter, 2024).

3.1 Ethnomarketing-Strategie und Mix

In der notwendigen konsequenten Ausrichtung von Unternehmen im Marketing an den Bedürfnissen des Marktes und der potenziellen Käufer stellen Standardisierung und differenzierung in Produkt-, Preis-, Vertriebs- und Kommunikationspolitik zwei grundsätzlich polare Strategieansätze dar.

Die **Standardisierungsstrategie** insbesondere bei physischen Produkten geht von in allen Absatzmärkten ähnlichen Kauf- und Konsumgewohnheiten und Produktnutzungen von Konsumenten aus. Unternehmen nutzen bei der Wahl einer *One-for-All*-Marketingstrategie („ein Produkt für alle Konsumenten") grundsätzlich ökonomisch interessante Skaleneffekte in der Produktherstellung, Preisgestaltung, Vertriebsausrichtung und Kommunikationskonfiguration, vernachlässigen dabei jedoch die präzise Adressierung von Kundenpotenzialen.

Die **Differenzierungsstrategie** dagegen berücksichtigt notwendige Anpassungen bei Produkt, Preis, Distribution und Kommunikation aufgrund von Unterschieden in Märkten und Marktsegmenten bedingt u. a. durch

- länderspezifische Normen (z. B. Warnungen vor unsachgemäßem Gebrauch, Sicherheitshinweise auf Produktverpackung),
- klimatische Bedingungen (z. B. Saisonalität, Erhältlichkeit und Haltbarkeit von Lebensmitteln),
- topo- oder geografische Verhältnisse (z. B. Allradnotwendigkeit bei Automobilen in gebirgigen Nationen wie der Schweiz),
- komplexe und differenzierte Sozialstrukturen (z. B. Kastensystem in Indien),
- lokale Konsumgewohnheiten und Geschmäcker (z. B. Empfinden von Schärfe oder Süße, Portionsgrößen, Schlachtung von Tieren),
- kulturelle Unterschiede (z. B. durch Umweltbewusstsein und Nachhaltigkeitsdenken, Ästhetikempfinden von Produkten und Individuen, Sensitivität gegenüber Werbung),
- Produktnutzung (z. B. Funktion von Messern beim Brotschneiden; Konsum von Käse in Frankreich, Italien, in der Schweiz und der Niederlande) oder
- Preisgefüge (z. B. Kaufkraft der Konsumenten, Anzahl und Art der Wettbewerber, Höhe und Dynamik der Inflation, Verhältnis und Schwankungen der Wechselkurse) (Gutting, 2020, 116; Müller & Gelbrich, 2015, 228).

Die operative Gestaltung und Differenzierung der Marketingstrategie wird insbesondere durch den geografischen Sitz bzw. die Perspektive des Unternehmens auf den Markt, die Produktart und die Homogenität der Bedürfnisse in der Mehrheitsgesellschaft und der Minderheitszielgruppe determiniert. die Individualisierung für die Zielgruppe kann dabei erfolgen durch die Art der Produktion, die im Produktionsprozess verwendeten Materialien, das Produkt-Packaging oder die Funktionen des Produktes, die dieses über seine Standardleistungen hinaus für die spezifische Zielgruppe bietet. Zwei Unternehmensformen stellen typische Protagonisten mit Ethnomarketing dar:

1. **Einheimische Unternehmen,** die in ihrem Binnenmarkt entweder standardisierte Produkte anbieten, die sowohl die einheimische Mehrheitsgesellschaft als Konsumentengruppe als auch die zugewanderte Minderheitscommunity als Verbraucher gemeinsam adressieren oder für in Sprache, Ethnie oder Religion homogene Zielgruppe produzierte oder angepasste Produkt- und Dienstleistungsangebote vermarkten.

Beispiele

Ethnische Kulturen sind in der Regel durch eine traditionelle Küche mit charakteristischen Lebensmitteln, spezifischen Geschmäckern (z. B. süß-säuerlich) und typischer Herstellung (z. B. halal) geprägt, die z. T. klimatisch bedingt für migrantische Konsumenten im neuen Aufenthaltsland nicht oder nur limitiert erhältlich sind. So vermissten die ersten sogenannten „Gastarbeiter" aus der Türkei in den 1960er-Jahren aus der Heimat bekannte und beliebte Lebensmittel wie Sucuk (kräftig gewürzte, luftgetrocknete Rohwurst aus Rind- oder Kalbfleisch und Lammfleisch), Ziegenkäse (Bestandteil von Frühstück, Aufstrichen und Eintöpfen), Kashkaval (gelber, würziger Halb- bis Hartkäse aus Kuh-, Schaf- oder Ziegenmilch) oder Ayran (salziges türkisches Joghurtgetränk). In Deutschland lebende Türken erkannten den Bedarf und gründeten Lebensmittelproduktions- bzw. Importunternehmen wie Egetürk, GAZI, Marmara oder Yayla, die nach Original-Rezepturen für die wachsende türkische Community in Deutschland authentisch Käse, Wurst oder Milchprodukte herstellten bzw. entsprechende Produkte aus dem ehemaligen Heimatland importieren.

Die **Egetürk** Wurst- und Fleischwarenfabrikation GmbH & CO. KG in Köln ist seit 1966 spezialisiert auf die Herstellung typisch türkischer Wurstprodukte wie Sucuk oder Pastirma, die nach den islamischen Speisevorschriften ausschließlich aus Rind-, Lamm- und Geflügelfleisch hergestellt werden und inzwischen europaweit in nahezu jedem türkischen Supermarkt und auch im deutschen Lebensmitteleinzelhandel erhältlich sind. Mit einer täglichen Kapazität von 150 t im Kölner Werk ist Egetürk der größte Produzent von Halal Fleischwaren in Deutschland (www.egetuerk.de).

Die **Gazi**-Milch- und Käseprodukte der Garmo AG gelten inzwischen als Klassiker für die in Deutschland lebende türkische Community hergestellte Lebensmittel nach türkischer Art. Garmo in Stuttgart produziert seit 1975 Ziegen-, Schafs- und Milchkäse und Milchprodukte wie Joghurt und Ayran. Neben Frisch-, Nomaden- und Molkenkäse nach türkischer Art, Zopfkäse oder eingelegtem Zupfkäse sowie Kashkaval repräsentiert insbesondere der „traditionelle Hirtenkäse" in der wiederverschließbaren 500- und 800 Gramm-Weißblechdose das typisch türkische Lebensmittelportfolio (www.gazi.de).

Die **Marmara** GmbH startete im Jahr 1980 mit dem Ziel, die in Deutschland lebenden Türken mit der ganzen Vielfalt landestypischer Produkte zu versorgen. Marmara ist exklusiver Vertriebspartner für zahlreiche namhafte türkischer Lebensmittel-Unternehmen wie SÜTAŞ, YUDUM, AROMA und EVYAP (Arko & Duru) und vermarket vier Eigenmarken (Marmara, Lebensmittel; Harika, Aktionsartikel; Zeytuna, Gastronomiebedarf; Shahane, Reis) über Lebensmittelmärkte mit türkischem und mediterranem Angebot an – inzwischen nicht mehr nur – türkischstämmige Konsumenten in Deutschland bzw. Europa. ◄

2. **Inter- bzw. transnationale Unternehmen,** die in unterschiedlichen Auslandsmärkten operieren und Produkte aus der ehemaligen Heimat von ausgewanderten Verbrauchern in diese Märkte exportieren und dort selbst oder über Importeure, Groß- und Einzelhändler vermarkten. Unternehmen, die ihre Produkte oder Dienstleistungen gezielt an Personen vermarkten, die ihr Herkunftsland verlassen haben und nun als Migranten in einem neuen nationalen Kontext leben, werden als „Diaspora-Marketer" oder als „Unternehmen mit Diaspora-Fokus" bezeichnet. Unternehmen mit dem Fokus auf Diaspora-Märkte setzen im Ethnomarketing gezielt auf die Bearbeitung von Nischen, Segmenten oder „Märkten im Markt". Sie erschließen Marktpotenziale und fördern Loyalität zu Marken aus den Heimatländern von Migranten, indem sie transnationale Bindungen, kulturelle Orientierungen sowie konsumbezogene Präferenzen der jeweiligen migrantischen Konsumentengruppen beachten und strategisch an Communitys adressieren, die in der Diaspora leben, in transnationale soziale Netzwerke eingebunden sind und kulturelle Kontinuitäten zu ihrem Herkunftsland aufrechterhalten. In dieser Form operieren Unternehmen mit Diaspora-Targeting nicht lediglich im Ausland, sondern setzen in ihrem Marketing aktiv auf grenzüberschreitende soziale Beziehungen, Konsummuster, Heimat- und Nostalgie-Emotionen und „Remittance"-Verhalten (z. B. grenzüberschreitender

Geldtransfer von Migranten in das Heimatland). Auch das stilistische Kommunikationsinstrument „Country-of-Origin" nutzen Unternehmen häufig im Diaspora-Marketing, insbesondere wenn Unternehmen die affektiven und symbolischen Bindungen der Diaspora an Herkunftsmarken strategisch nutzen (Elo et al., 2020, 696; Torkestani et al., 2023, 4). Das Angebot umfasst in der Regel Original-Produkte, die den Konsumenten aus der Vergangenheit aus ihrem Auswanderungsland bekannt sind, im neuen Wohnland grundsätzlich oder in der gewünschten Funktionalität oder Eigenschaft nicht erhältlich sind und von den migrantischen Verbrauchern im Kauf- oder Konsummarkt vermisst werden. Diese Produkte adressieren außerhalb von Ethnomarketing zugleich auch einheimische Konsumenten ohne Migrationshintergrund, die diese Produkte (z. B. „Pastel de nata" aus Portugal) aus Aufenthalten in den Ursprungsländern kennen (z. B. als Urlauber oder Expatriate in Portugal) und nun in ihrem Heimatland nutzen wollen.

Vier Grundstrategien mit Unterschieden in der Differenzierung der Marketingelemente bieten sich für Unternehmen im Ethnomarketing an:

1. **„Test-Strategie"** bei der nur wenige Elemente in geringer Tiefe im Marketing variieren und auf die ethnische Zielgruppe angepasst werden.
2. **„Fassaden-Strategie"** bei der das grundsätzliche Angebot nicht verändert wird, jedoch mit einem überschaubaren Aufwand auf die ethnische Zielgruppe angepasst wird.
3. **„Spezialisierungs-Strategie"** als spezifisch und umfassend in die Produkt- und Kommunikationspolitik integriertes, aber mit unveränderter Preis- und Vertriebspolitik verbundenes Vorgehen.
4. **„Full-Power-Strategie"** als vollständige Ausgestaltung und nachhaltige Integration aller Marketinginstrumente, die die ethnische Zielgruppe ansprechen (Kalayci, 2024, 48).

Die vom Unternehmen konkret und operativ gewählte Marketingstrategie wird determiniert durch die Wahl der Zielgruppe und bestimmt das Marketing des Produkts, des Preises, des Vertriebs und der Kommunikation als solche sowie den Mix der jeweiligen Elemente im klassischen und heute grundsätzlich immer noch geltenden „4-P-Marketingmodell" aus „Product, Price, Place, Promotion".

3.2   Ethnomarketing-Zielgruppen, Customer Insights und Touchpoints

Die Kennzeichen zur Analyse, Identifikation, Beschreibung, Klassifizierung und Operationalisierung von Zielgruppen als „Customer Insights" unterscheiden sich zum einen in Eigenschaften, die das Verhalten der Adressaten determinieren, zum anderen in Charakteristika, die ihr Kommunikations-, Kauf- und Konsumverhalten beschreiben. Neben klassischen soziodemografischen, sozioökonomischen und geo- sowie psychografischen Merkmalen stellen Charakteristika von Individuen, die das aktuelle und mutmaßlich zukünftige Verhalten von ethnischen Werbezielgruppen als Käufer und Konsumenten von Produkten sowie Nutzer von Dienstleistungen bestimmen, dar:

- **Migrationsspezifische Merkmale** (u. a. Staatsbürgerschaft; Aufenthaltsdauer im Wohnland; Zugehörigkeit zur 1., 2. oder 3. Migrationsgeneration; Gebrauch der Sprache des Heimatlandes im privaten Bereich; Freundeskreis aus Heimatland, mit gleicher Religion, ähnlicher Kleidungs- und Ernährungskultur).
- **Ethnisches Informations-, Kommunikations- und Medienverhalten** (u. a. generelle Medienaffinität, Nutzung von Ethnomedien, Frequenz und Häufigkeit von Mediennutzung, Themeninteresse).
- **Mobilitäts- und Freizeitverhalten** (u. a. Arten, Zeiten und Häufigkeiten des Unterwegsseins, Wahl der Verkehrsträger, Arten, Zeiten und Häufigkeiten von Urlaub; sportliche und kulturelle Aktivitäten, Hobbys).
- **Kaufverhalten spezifischer Produkte** (u. a. Kauf/Nichtkauf, Preissensitivität, Qualitätsinteresse, Einkaufsstättenwahl, Kaufmengen, Kauffrequenz, Art der Kaufentscheidung, Markentreue).
- **Spezifisches Konsumverhalten** (u. a. Verwendung/Nichtverwendung, Verwendungshäufigkeit und Nutzungsfrequenz, Ernährungsgewohnheiten) (Kleinjohann, 2024b, 351).

Entsprechend dem Grad und der Phasen der Akkulturation sind im Ethnomarketing vier Kernzielgruppen erkennbar, die sich grundsätzlich in ihrer unterschiedlichen Orientierung am Heimat- bzw. Gastland und anhand ihrer Kommunikations-, Kauf- und Konsumcharakteristika differenzieren lassen (Gerpott & Bicak, 2011, 102).

1. **„Assimilierte"** als ethnische Zielgruppen, die stark mit der Kultur des Wohnlandes verbunden sind und sich nicht mehr mit der Kultur des Heimatlandes identifizieren.
2. **„Multikulturell Integrierte"** als ethnisch-spezifische Konsumenten, die weiterhin stark von der Heimatland-Kultur geprägt sind, aber sich zugleich mit den Kulturelementen des Wohnlandes identifizieren.
3. **„Disassimilierte"** als ethnische Zielgruppen, die sich trotz ihrer Migration in ihr Wohnland weiterhin deutlich mit der Kultur ihres Heimatlandes identifizieren und sich damit stark von den ethnischen Inländern des Wohnlandes unterscheiden.
4. **„Dekultivierte"** als grundsätzlich ethnisch identifizierbare Konsumenten, deren Lebensweise weder durch die Kultur des Heimatlandes noch durch die kulturellen Elemente des Wohnlandes wesentlich beeinflusst werden.

Je nach Marketingziel des Unternehmens für sein Produkt- oder Serviceangebot ist zu entscheiden, ob für die Zielgruppe der Assimilierten aufgrund ihrer Nähe zur Kultur des Wohnlandes und der Dekultivierten aufgrund ihrer Internationalität bzw. Multikulturalität ein spezifisches Ethnomarketing von Nöten ist oder diese Adressaten zusammen mit der Mehrheit der Einheimischen angesprochen werden können. Die Population der multikulturell Integrierten und Disassimilierten stellen somit die primäre Zielgruppe für Ethnomarketingstrategien und -kampagnen dar (Gerpott & Bicak, 2011, 103). Innerhalb dieser beiden Gruppen lassen sich entsprechend ihrer spezifischen Akkulturationsstufen in der Migration wiederum weitere vier konkrete Zielgruppen für Ethnomarketing identifizieren (Gözüakca, 2014, 65).

1. **„Kulturelle Loyalisten"** sind im Herkunftsland geboren und erst wenige Jahre im neuen Wohnland. Aufgrund noch geringer Sprachkenntnisse des neuen Landes sind sie auf die Sprache ihrer Heimat angewiesen und rezipieren deshalb Werbung vorrangig in ihrer Heimatsprache. Traditionelle Werte und die Kultur ihres Herkunftslandes haben eine große Relevanz für diese Migrantengruppe, die auch mit dem Gedanken spielt, zu einem späteren Zeitpunkt wieder in die Heimat zurückzukehren.
2. **„Kulturelle Umarmer"** identifizieren sich schon mit dem Migrationsland, obwohl sie selbst noch im Herkunftsland geboren wurden, und sehen hier ihre berufliche und private Zukunft. Sie sind aufstiegsorientiert und adaptieren einheimische Sprache und Kultur, obwohl sie trotz Mehrsprachigkeit innerhalb der Familie und des Freundeskreises bevorzugt in ihrer Muttersprache kommunizieren.

3. **„Kulturkreuzer"** sind als Nachkömmlinge von Migranten als 1. Generation im neuen Land geboren. Kulturell und sozial akkulturiert haben sie die Sprache des Wohnlandes von Geburt an gelernt, sind durch das hiesige bildungs- und Ausbildungssystem geprägt und im einheimischen Berufsmarkt etabliert. Sie sind daher beruflich gut ausgebildet und bilingual und bikulturell geprägt; aufgrund der Sozialisation von Eltern und Großeltern, die noch direkt aus dem migrantischen Ursprungsland der Familie stammen, sind sie immer noch mit der familiären Herkunftskultur verbunden.

4. **„Kulturelle Integratoren"** entstammen der 2. oder 3. Migrantengeneration, die im Migrationsland der Urgroß-, Groß- oder Eltern geboren wurden. Sie fühlen sich einerseits als Einheimische wie die Mehrheitspopulation, andererseits sind aber auch stolz auf ihre familiären und ethnischen Abstammung und versuchen die Verbindung zur Herkunftskultur zu halten oder wieder aufzunehmen („Retro-Akkulturation"; Gözüakca, 2014, 66). Aufgrund ihrer weitgehenden Adaption von Sprache und Kultur ihres Aufenthaltslandes sprechen sie mehrere Sprachen – zum Teil die Landessprache der familiären Heimat nur noch bedingt.

Erfolgreiches Ethnomarketing ist geprägt vom präzisen Verstehen der spezifischen Zielgruppen und ihrer Kulturen. Als tiefgehende Erkenntnisse zu den ethnisch, sprachlich, kulturell oder religiös eigenen Werten und Wünschen, Nöten und Bedürfnissen, Geboten und Verboten sowie als differenziertes Wissen über die jeweilige Kultur des migrantischen Kundenpotenzials stellen „Ethnic Culture Insights" die Basis dar. Das sensible Verständnis von „Culture Bound Facts" bietet zudem die Erkenntnisse für eine Differenzierung der Marketingelemente Produkt, Preis, Vertrieb und Kommunikation (Gutting, 2020, 113). Informative und zur Mehrheitsgesellschaft divergierende Ethnic Culture Insights im Ethnomarketing stellen z. B. dar

- **kulturspezifische Interpretation von Farben, Formen und Symbolen,** die in divergierenden Kulturen mit unterschiedlichen Bedeutungen konnotiert werden,
- **alternierende Produkteigenschaften** (z. B. unterschiedlich wahrgenommene Designästhetik; divergierende Prioritäten von Gerätefunktionen; variierendes Geschmacksempfinden von Schärfe und Süße),
- **variierende Vorstellungen über menschliche Ästhetik** (z. B. Hauttönung, Größe, Gewicht, Gesichtsform) und
- **religiös bedingte Regeln** bei der Zubereitung und dem Genuss von Lebensmitteln und Getränken (z. B. Verbot von Schweine- oder Rindfleisch, Größe von Essensportionen, Verbote von Alkohol) sowie im Umgang mit Finanzen

(z. B. Verbot von Zinsen beim Geldverleih, Glücksspiel) im Islam, Judentum und Hinduismus.

So orientieren sich z. B. gläubige Muslime, Hindus und Juden bei Kauf, Konsum und Kochen von **Lebensmitteln** u. a. auch an den Regeln, die ihnen ihre Religion als tauglich, zulässig oder erlaubt (z. B. im Islam: „halal"; im Judentum: „koscher") vorgibt. Im Lebensmittelbereich umfassen zulässige „Halal"-Produkte das Fleisch von Pflanzenfressern (z. B. Lamm, Rind, Schaf) sowie Hühnern, die nach bestimmten Vorschriften („Schächtung") geschlachtet werden, Frischmilch, frisches Obst und Gemüse, Eier, pflanzliche Öle und Rohstoffe, bei denen keine Gärung stattgefunden hat (z. B. Fruchtsäfte). „Haram" als nicht zulässige Produkte sind u. a. Schweinefleisch, Nahrungsmittel, die mit Gelatine aus Schweinrohstoffen hergestellt wurden (z. B. Joghurt, Torte, Gummibärchen) oder damit geklärte Fruchtsäfte und alkoholhaltige Lebensmittel (z. B. Pralinen, Eis) (Verbraucherzentrale, 2025). Ähnlich gibt der „Kaschrut" als jüdische Speisevorschrift vor, welche Lebensmittel *koscher* und nicht tauglich bzw. erlaubt sind, wie das Fleisch von Schweinen und nicht geschächteten Tieren, Fischarten ohne Schuppen, Meeresfrüchte oder Lebensmittel, die mit Blut von Tieren oder Bestandteilen von Schweinen hergestellt werden.

„Halal" umschreibt auch ein islamisch geprägtes ethisches Lebenskonzept mit Regeln, die sich auf Alkohol, Medikamente, Mode, Körperpflege- und Kosmetikprodukte sowie Finanzprodukte beziehen. So müssen die Inhaltsstoffe, Herstellungsprozesse und Lagerbedingungen von zertifizierten Halal-**Kosmetik**produkten (z. B. Anaaka Skincare, Alhalal Cosmetics, Fair Squared) den islamischen Vorschriften entsprechen (z. B. kein Schweinefett, tierische Bestandteile aus nicht halal geschlachteten Tieren oder bestimmte Arten von Alkohol, keine Verunreinigung mit Haram-Substanzen während der Herstellung, Lagerung oder Verpackung). Nagellack muss z. B. das Durchdringen von Wasser und Luft bei der rituellen Waschung ermöglichen. Aufgrund der Größe des Marktes mit einem globalen Volumen von 47,76 Mrd. US-Dollar im Jahr 2024 und mit allein in Deutschland 5,3 und 5,6 Mio. Personen muslimischen Glaubens setzen Kosmetikfirmen (z. B. L'Oréal) seit einiger Zeit auf eine Halal-Kennzeichnung von Produkten (Fortune Business Insights, 2025; Pfündel et al., 2021, 9). Das weltweite Wachstum des Halal-Kosmetikmarktes wird durch die zunehmende Präferenz von Konsumenten für Kosmetik, die auf chemiefreien, natürlichen, veganen, tierversuchsfreien und sortenorientierten Inhaltsstoffen besteht, gefördert. Auch **Mode** ist von islamischen Religionsregeln beeinflusst – gläubige und modische Musliminnen stellen daher ein spezifische Frauenzielgruppe dar, die vom Islam geforderte Schamhaftigkeit und modernen Stil in der Kleidung (z. B. „Khimar", langer

Schleier der Kopf, Hals und Schultern bedeckt; „Hijab", Kopftuch, das locker und leger oder eng um den Kopf gebunden ist) miteinander kombinieren wollen (Gutting, 2021, 191).

Der islamische Glaube determiniert auch den Finanzmarkt gläubiger Muslime. So erfordern die Regeln im **„Islamic Banking"** den konsequenten Verzicht auf verzinslichen Geldverleih („Riba"), jegliche Geschäfte mit Glücksspielcharakter („Maysir") und Investitionen in Unternehmen, die nicht mit den ethischen Grundsätzen des Islam vereinbar sind. Dazu zählen Unternehmen, die hoch verschuldet sind, oder u. a. in der Rüstungs-, Tabak-, oder Alkoholindustrie sowie in der Verarbeitung von Schweinefleisch und dem Handel tätig sind. Auch intransparente und hochriskante Finanzspekulationen („Gharar") widersprechen den ethischen Grundwerten des Islam und der religiös erwünschten Förderung einer Realwirtschaft. So verleiht die türkische KT Bank AG mit sechs Filialen in Deutschland kein Geld gegen Zinsen, sondern finanziert für ihre muslimischen Kunden den Erwerb von Konsum- oder Investitionsgütern. Dazu kauft die KT Bank AG als Zwischenhändler das entsprechende Produkt oder die vom Bankkunden gewünschte Ware direkt vom Händler bzw. Hersteller und verkauft diese mit einem individuell vereinbarten Finanzierungsaufschlag an den Kunden weiter(„Murabaha"). Der Kunde zahlt den Rechnungsbetrag in mehreren Ratenzahlungen an die KT Bank AG (KT-Bank, 2025). Im Islamic Banking sind auch Girokonten erlaubt, bei der die Bank das Guthaben des Kunden anstelle eines Habenzinses mit kostenlosen Dienstleistungen oder Geschenken („hibah") vergütet oder spezielle Leasingmodelle („Idschara"), bei dem der Leasingnehmer das Leasingobjekt nicht erwerben kann (Gutting, 2020, 192)

3.3   Produkt- und Preispolitik im Ethnomarketing

Im Zentrum der Vermarktung eines ethnisch relevanten Leistungsangebots steht ein bestehendes Produkt, die Entwicklung eines neuen für die Zielgruppe passenden Produkts oder die Anpassung eines bestehenden Produkts als „ein Bündel von Eigenschaften, das auf die Schaffung von Kundennutzen (jedweder Art) abzielt" (Homburg, 2020, 600). Aus den Erkenntnissen der Customer Insights gilt es bei der Notwendigkeit eines ethnisch spezifischen Angebots die nutzenbringenden Produkte und Dienstleistungen sowie die Verbraucherpreise so konkret und wahrnehmbar für die ethnisch, religiös oder sprachlich spezifizierte Zielgruppe zu gestalten, dass sich dieses spezielle Preis-Leistungs-Angebot durch seine individuelle Konfiguration für die adressierten Konsumenten von standardisierten Leistungen für die Mehrheitsgesellschaft deutlich differenziert. Die Differenzierung eines physischen Produktes („Sachgut") mit der Stiftung von Kundennutzen kann mit den verschiedenen Komponenten eines Produktes umgesetzt werden wie

- dem **Produktkern** als ein Bündel von physisch-technischen Charakteristika zur Befriedigung spezifischer funktionaler Kundenbedürfnisse,
- den **Zusatzeigenschaften,** die einen über den Produktkern hinausgehenden Nutzen generieren,
- der **Verpackung** zur Identifizierung im Handel, zum Schutz des Produktes, der leichten Handhabbarkeit sowie der Sicherstellung des Produkttransports (z. B. mit Hinweis „Halal" auf der Verpackung) und
- den **Basis- und Zusatzdienstleitungen** (z. B. Garantien, Wartungen, ergänzende Services), die einen weiteren Nutzen für die Kunden darstellen (Homburg, 2020, 600)

Eine Produktdifferenzierung mit der Variation einzelner Produktelemente kann aus einer entsprechenden Marktsegmentierung entstehen und zusätzlich zum bestehenden Produktportfolio angeboten werden. Die Differenzierung eines Produkt- oder Dienstleistungsangebotes kann sich aber auch aus einer differenzierten Ausgestaltung der anderen Marketingelemente z. B. des Preises ergeben. In der Gestaltung des Preises als zum Produkt essenziell dazugehörendes Marketingelement bietet sich eine Anpassung an die wirtschaftliche Leistungsfähigkeit der adressierten Ethnie oder Migrationscommunity an.

3.4 Distributions- und Personalpolitik im Ethnomarketing

Essenzielles Ziel von modernem kundenzentrierten Ethnomarketing („Ethnic Customer Centricity") ist es, die adressierten Zielgruppen auf ihrer Customer Journey an den für den Vertrieb von Produkten und Services relevanten Touchpoints mit dem höchsten Verkaufspotenzial zu erreichen. Die Customer Journey umfasst dabei den Verlauf und die Dynamik des Kommunikations- und Kaufprozesses von Konsumenten mit Fokus auf bestehende oder zu generierende Touchpoints, an denen ein Unternehmen mit potenziellen Kunden physisch und digital in Berührung kommt und diese als vertriebsrelevante *points of sale* nutzen kann. Touchpoints lassen sich identifizieren, differenzieren und managen nach Orten, Strecken, Phasen, Zeitpunkten und Situationen, auf oder in denen sich Konsumenten auf ihrem Weg zum Produkt und dessen Kauf befinden, nach Punkten, Kanälen und Plattformen als Customer Touchpoints sowie nach Kommunikationsmedien und

Werbeträgern als Communication Touchpoints. Aufgrund der über alle Zielgruppen hinweg reichenden Nutzung und Integration von Onlinekommunikation im Alltag von Beruf, Freizeit und Konsum, der gewachsenen Mobilität und des mehrfachen unbewussten Hin-und-Her-Wechsels von Konsumenten zwischen Online- und Offlinewelten ist es vertrieblich und kommunikativ sinnvoll, möglichst alle für das Marketing interessanten Touchpoints kommunikativ und vertrieblich zu „bespielen" und nicht zwischen on- und offline zu trennen (Heinrich & Flocke, 2021; Kreutzer, 2018, S. 118).

Ethnisch geprägtes Distributionsmanagement sollte sich nicht nur an ökonomischen Vertriebszielen orientieren, sondern auch für die Erhältlichkeit der Produkte in den Kaufkanälen der Adressaten oder für die konstante Versorgung an den Kauforten der adressierten ethnisch spezifischen Konsumenten sowie für ein psychologisch positives Image der *points of sale* in der Zielgruppe sorgen. Erfolgreiche Vertriebspolitik im Ethnomarketing bindet daher als Verkaufsorte neben den klassischen Betriebstypen im Einzelhandel (z. B. Fach- und Spezialgeschäfte, Super- und Verbrauchermärkte, Discounter) insbesondere ethnisch relevante *points of interest* oder *points of high traffic* ein. Spezifische für das Ethnomarketing relevante Touchpoints umfassen u. a. ethnisch geprägte Umfelder und Situationen

- **Orte** wie
  - Städte oder Ballungszentren mit konzentriertem Anteil von Ethnien

  - (z. B. Türken in Berlin, Russlanddeutsche/Portugiesen in Hamburg, Inder in Frankfurt, Polen in Dortmund) und
  - migrantisch konzentriert besiedelte Stadtviertel (z. B. Berlin-Kreuzberg: „Türken"; Düsseldorf Immermannstraße: „Japaner/Asiaten"; Köln-Neu-Ehrenfeld: „Multikulti");
- **Räume** wie
  - internationale Supermärkte (z. B. „Mix Markt" mit russischen, polnischen und rumänischen Produkten; „Karadag" mit türkischen Produkten; „Andronaco" mit italienischen Produkten),
  - Lebensmittel-, Obst- und Gemüseläden (z. B. „Ankara Markt", Köln, mit türkischem Lebensmittelangebot; „Rodrigues", Köln, mit portugiesischen Lebensmitteln),
  - Minimärkte/24 h Kioske („Büdchen", „Trinkhalle", „Späti") mit einem Nahversorgerangebot u. a. mit DHL-, Hermes-, DPD-Paketshop, Bargeldterminalautomat (ATM), Presseerzeugnissen, Telefonkarten, gekühlten Getränken, Süßigkeiten, Smartphone-Zubehör,

- Smartphone-Geschäfte mit Neukauf und Reparatur von Altgeräten, Kauf von Telefonkarten, Angebot an Mobilfunkverträgen, Zubehör,
- Wochen-/Flohmärkte,
- Fitnessstudios,
- Shisha Bars/Shisha Lounges,
- Musik- und Tanz-Clubs,
- Eventhallen (z. B. Köln, „Eurosaal"; Hamburg, „Luxus Events Hamburg"),
- Restaurants und Imbisse mit Gastronomieangeboten aus Herkunftsländern (z. B. Döner Kebab, Kumpir, Çiğ Köfte),
- ethnische Kulturzentren und
- religiöse Gebetsräume (z. B. islamische Moscheen, indische/buddhistische Tempel, russisch-orthodoxe Kirchen);
- **Organisationen** wie
- Kulturvereine (z. B. „Deutsch-Syrische Kulturzentrum Mashuq Khaznawi e. V.", Essen; „Serbisch Orthodoxer Jugendverein Innsbruck – SPOJI"; „Russisch-Deutsches Kulturzentrum", Nürnberg),
- ethnisch geprägte Sportvereine (z. B. „Türkgücü München e. V.", „FC Polonia Wuppertal"),
- Hilfsvereine (z. B. „Azadi – Deutsch-Kurdischer Hilfsverein für Syrer e. V.");
- **Anlässe und Kontexte** wie
- religiöse Feiertage (z. B. Jüdischer Versöhnungstag Jom Kippur; Zuckerfest; Mevlid, Geburtstag des Propheten Muhammad),
- religiöse Zeiträume (z. B. Fastenmonat Ramadan im Islam; Pessach im Judentum),
- Feste von religiösen Zentren wie Moscheen oder Tempel (z. B. Jahresfest des „Sri Kamadchi Ampal Tempel" der hinduistischen Gemeinde in Hamm Uentrup mit 5500 Besuchern),
- persönliche Feiertage, die mit der Community ethnisch typisch begangen werden (z. B. Hochzeiten, Geburten, Beerdigungen) sowie
- Sportveranstaltungen, Festivals und Kulturevents.

Der Grad der Akkulturation von migrantischen Minderheiten wird in hohem Maße von der Aneignung und Beherrschung der Sprache des Aufenthaltslandes als Schlüssel zum Verständnis der neuen Kultur und zur Bewältigung des Alltages determiniert. Aus distributionstechnischer Perspektive hilft daher initial bei der Überwindung von Sprachbarrieren der Einsatz von Verkaufs- und Vertriebspersonal mit Kenntnissen der Sprache der Zielgruppe oder entsprechend aus dem Heimatland der Migranten stammende Mitarbeitende im Vertrieb – unabhängig von der Stärke der Identifikation der anzusprechenden Kunden mit der Kultur des neuen Heimatlandes. Insbesondere im Marketing von beratungsintensiven Produkten oder erklärungsbedürftigen Dienstleistungen (z. B. Automobil, Immobilien, Finanz- und Telekommunikationsdienstleistungen) unterstützen entsprechend sprachlich kompetente oder aus ähnlicher Ethnie stammende Mitarbeiter in der authentischen, glaubwürdigen und präzisen Kommunikation der Leistungen. Verkäufer mit identischem ethnischem Hintergrund signalisieren zudem den migrantischen Adressaten eine Wertschätzung seitens des vermarktenden Unternehmens – insbesondere bei möglicherweise häufig erfahrener Diskriminierung durch einheimisches Vertriebspersonal. In personell divers und multinational geprägten Unternehmen optimieren entsprechend interkulturell ausgebildete und sprachlich kompetente Mitarbeiter im Personalmanagement die Chancen auf ein erfolgreiches Recruiting, Onboarding und eine passgenaue und dauerhafte Integration in das Unternehmen. Grundsätzlich sorgt eine ethnisch geprägte Personalpolitik im externen Vertrieb gegenüber Konsumenten und im internen Human-Resources-Bereich wie im Mitarbeitermanagement gegenüber den Mitarbeitern für eine höhere Bindung an das Unternehmen (Bethge, 2018, 85; Gerpott & Bicak, 2011, 101)

3.5   Kommunikationspolitik im Ethnomarketing

Als Hintergrund einer ethnospezifischen Strategie der verbalen und non-verbalen Marketingkommunikation kommt im Ethnomarketing der „Akkomodationstheorie" neben allgemeinen Werbewirkungsmodellen und grundsätzlichen Kommunikationstheorien (z. B. „S-O-R-", „AIDA-", „Triple-Hierarchy-", „Elaboration-Likelihood"-Modell) besondere Relevanz zu (Eisend, 2025; Kleinjohann, 2024a, 115). Die „Akkommodationstheorie" (auch „Communication Accommodation Theory (CAT)") wurde von Giles et al. (1991) in den frühen 1970er-Jahren entwickelt und zählt zu den einflussreichsten theoretischen Ansätzen der interpersonalen und interkulturellen Kommunikation, da sie kommunikative Anpassungsprozesse zwischen Individuen erklärt, insbesondere wie Kommunikatoren ihre sprachlichen, paralinguistischen und nonverbalen Verhaltensweisen modifizieren, um soziale Bedeutungen zu erzeugen oder Beziehungen zu interkulturellen Adressaten zu gestalten. Ein zentraler Bestandteil der Theorie ist die Verbindung zwischen der kommunikativen intentionalen oder unbewussten Akkommodation des Absenders und der sozialen Identität. Die Akkommodationstheorie geht davon aus, dass Kommunikation nicht nur Informationsaustausch, sondern zugleich auch eine sozialer Aushandlungsprozess zwischen den am Kommunikationsprozess Beteiligten ist. So nutzen Kommunikatoren interkulturelle Kompetenz dazu, ihr kommunikatives Verhalten flexibel zu verändern, um

- den sozialen Abstand zwischen sich und dem Kommunikationspartner zu regulieren,
- Sympathie oder Distanz gegenüber dem Adressaten auszudrücken,
- geplante Interaktionsziele strategisch zu erreichen und
- ihre Identität zu markieren oder abzugrenzen.

Diese Anpassungsprozesse werden als **Akkommodation** (*„accomodare"*, lat. = anpassen, angleichen, einpassen, abstimmen) bezeichnet und können in verschiedene Richtungen verlaufen:

- Konvergenz beschreibt die bewusste oder unbewusste Annäherung des Kommunikators an das kommunikative Verhalten des Gegenübers mit sprachlichen Merkmalen (z. B. Akzent, Sprechtempo, Wortwahl), paraverbalen Eigenschaften (z. B. Lautstärke, Intonation) oder nonverbalen Signalen. Konvergenz in der Kommunikation dient insbesondere dazu, soziale Nähe zwischen den Kommunikationspartnern auszudrücken, Interaktion zwischen beiden zu erleichtern, positive soziale Identität aufzubauen und Missverständnisse zu reduzieren.
- Divergenz bezeichnet die bewusste Herausstellung von Unterschieden gegenüber dem Kommunikationspartner. Absender von Botschaften entfernen sich bewusst von den Merkmalen der anderen Person – häufig, um die eigene Gruppenzugehörigkeit zu betonen, Macht oder Autonomie zu signalisieren oder sich von einer als negativ empfundenen Identität abzugrenzen.

Überakkommodation beschreibt Formen der Anpassung, die vom Gegenüber des Kommunikators als unangemessen, übertrieben oder bevormundend wahrgenommen werden (z. B. überdeutliche Aussprache, vereinfachte Syntax („Du Türke, ich Deutscher"), paternalistische Sprechweise („Elderspeak")). Überakkommodation kann bei den Adressaten von Kommunikation zu negativen sozialen Bewertungen, Wahrnehmungen von Herabsetzung und interkulturellen Missverständnissen führen.

Giles et al. (2007) formulieren vier zentrale Grundannahmen der Akkommodationstheorie:

1. Der Grad der Akkommodation steigt, je stärker Individuen als Kommunikatoren eine enge Beziehung zum Interaktionspartner anstreben oder dessen Anerkennung, Vertrauen bzw. Zustimmung gewinnen möchten.

2. Führt der Rezipient die Akkommodation auf wohlwollende Motive des Kommunikators zurück – was typischerweise der Fall ist –, resultieren daraus unter anderem erhöhte Zufriedenheit, eine positivere Bewertung der sozialen Gruppe des Sprechers, stärkere Kooperationsbereitschaft sowie die Zuschreibung günstiger Eigenschaften des Kommunikators wie Kompetenz oder Vertrauenswürdigkeit.

3. Nicht-Akkommodation nimmt zu, wenn Individuen in ihrer Kommunikation Kritik, Unzufriedenheit, Ablehnung oder Distanz ausdrücken wollen.

4. Interpretiert der Rezipient wahrgenommene Nicht-Akkommodation als negativ motiviert – was üblicherweise geschieht –, reagiert er in der Regel mit ungünstigen sozialen Bewertungen und schreibt dem Absender der Botschaft negative Merkmale wie Unfreundlichkeit zu.

Der sich entsprechend der Akkomodationstheorie anpassende Kommunikator kann nicht nur ein Individuum, sondern auch ein Unternehmen sein, das mit der Anpassung an seine Kundengruppen „Anklang bei den Kunden finden und […] die Kommunikation mit ihnen verbessern" (Bethge, 2018, 7) will.

3.5.1 Mediaplanung und Werbeträgerauswahl im Ethnomarketing

Die Anpassung der Marketingkommunikation von Unternehmen an adressierte Konsumentengruppen umfasst ein vielfältiges Portfolio an multisensuellen Werbeträgern und Kommunikationsinstrumenten, die die werbliche Botschaft ethnozentriert transportieren (Kleinjohann, 2024b, 39). Die Mediaplanung basiert auf formalen Kriterien (z. B. zeitliche Disponibilität, elastische oder präzise Steuerbarkeit, Buchungsmöglichkeiten), absoluten Produktions- und Mediaschaltkosten, quantitativen Parametern (z. B. Quantität und Affinität der Medienrezipienten als Werbezielgruppe, Reichweiten- und Kontaktmaßzahlen, Kosten-Leistungs--Verhältnis) sowie qualitativen Maßstäben (z. B. Darstellungsmöglichkeiten der Werbebotschaft, Image, redaktionelles Contentumfeld, typische Rezeptionssituation, multisensuelle Qualifikation des Werbeträgers). Ebenso spielen das geografische Werbeareal in der Auswahl der spezifischen Werbeträger eine Rolle, um mit möglichst großer Reichweite und hoher Kontaktdichte die anvisierte ethnische Konsumenten-Community ökonomisch und zielorientiert effizient zu adressieren.

Der lokale, regionale oder nationale Werberaum wird determiniert einerseits von der vertrieblichen Verfügbarkeit, andererseits von der Präsenz der Adressaten in diesem Absatzgebiet. Unternehmen, die im Ethnomarketing aktiv sind oder planen den Umsatz zu fördern, können entsprechend auf diese Marketingdisziplin spezialisierte Event-, Marketing-, Kreativ- oder Mediaplanungsagenturen zugreifen, die als externe Kapazitäts- und Know-how-Ressource für werbungtreibende Unternehmen mit werbefachlicher Expertise in Analyse, Strategie, Kreativität, Mediaeinkauf oder Markt- und Konsumentenforschung unterstützen (z. B. AR city media, Berlin (https://www.arcitymedia.de); medien Europa, Düsseldorf (https://medieneuropa.de/leistungen); Kalic Media, Dillenburg (https://www.kalic-media.de).

Der Medienmarkt in Deutschland umfasst insgesamt über 25 verschiedene Werbeträgergattungen (z. B. Zeitungen, Hörfunk, Telefonmarketing), die sich zudem differenzieren in deutschsprachige Medien mit der Mehrheitszielgruppe Einheimische und herkunftssprachige Werbeträger, die ethnisch oder sprachlich spezifische Communitys adressieren. Für ein kommunikativ präzises Ethnomarketing eignen sich insbesondere Werbeträgergattungen, die die Zielgruppe grundsätzlich geografisch heterogen lokal bzw. regional direkt erreichen wie:

- **Diaspora- oder Ethnomedien** in Form von analogen oder digitalen Werbeträgern, die sich an ethnische Communitys in der Diaspora außerhalb ihres Heimatlandes wenden (z. B. „Merhaba", türkisches Monatsmagazin in Baden Württemberg und Bayern; „KONTAKTY", polnischsprachiges Monatsmagazin in Berlin; „Öztürk", kostenloses türkischsprachiges Monatsmagazin für Bielefeld).
- **Tageszeitungen** aus den Herkunftsländern der ethnischen Zielgruppe, die im deutschen Pressemarkt vertrieben, in den entsprechenden Community rezipiert werden und somit eine potenziell hohe Reichweite für werbliche Kommunikation aufweisen (z. B. „Fanatik", türkische Sporttageszeitung; „Gazeta Wyborcza", polnische Tageszeitung, „Digi24.ro", rumänische Nachrichtenwebsite).
- **Hörfunk** mit der mediaplanerischen Möglichkeit der präzisen geografischen Ansprache ethnischer Zielgruppen über Linear- oder Streaming-Radiostationen und akustische Werbeformate (z. B. JAM FM Türk Berlin, METRPPOL FM Berlin, Türkiyem FM Mannheim).
- **Sales Promotion** in Einkaufsstätten, die von ethnischen Zielgruppen häufig frequentiert werden (z. B. Super-, Lebensmittelmärkte, Kioske) mit verkaufsfördernden Werbeformaten (z. B. mit Warentrennern auf Kassenlaufband, Einkaufstüten, Printplakaten, Display-/Monitoren).

- **Verkaufs-, Vertriebs- oder Servicepersonal** mit gleichem ethnischem Hintergrund, das mit den Interessenten, Konsumenten oder Kunden in ihrer gemeinsamen Muttersprache kommuniziert, unterstützt kulturell sensibel insbesondere bei beratungsintensiven Dienstleistungen oder Produkten im Marketing wirkungsvoll.
- **Out-of-Home(OOH)-** und insbesondere **Digital Out-of-Home(DOOH)-Werbeträger** bieten die Möglichkeit, Kommunikationskampagnen audiovisuell an ethnische Zielgruppen regional, lokal und sublokal als Außen- und Instorewerbung auszuspielen und mit Social Media-, Search Engine-, Native- und Display-Advertising crossmedial zu kombinieren. Neben Außenwerbeflächen an ethnischen Hotspots spielen insbesondere ethnisch frequentierte Kioske, Clubs, Bars und Fitnessstudios eine besondere Rolle in der Ausspielung von ethnozentrierten Kampagnen.
- **Online-Medien** bzw. **digitale Werbeträger** wie Websites von Printtiteln aus den Herkunftsländern mit der Möglichkeit, Display-Werbung über Targetingtechniken an sprachlich oder ethnisch identifizierbare User auszuspielen (z. B. www.hurriyet.de (türkisch); https://wochenblatt.pl (polnisch); https://arhiva.vesti-online.com/ (serbisch)).
- **Sponsoring von Veranstaltungen** oder **Eventkooperationen** mit direktem Zugang zur anvisierten ethnisch, sprachlich oder religiös homogenen Zielgruppen mit Flyer-Verteilung, Infoständen oder Produktpromotions.
- **Word-of-Mouth:** Mundpropaganda wird von Verbrauchern aus ethnischen Minderheiten besonders geschätzt, wenn sie von Familienangehörigen und Freunden sowie von Meinungsführern und Mitgliedern der ethnischen Referenzgruppe weitergegeben wird, da diese aufgrund ihrer Unabhängigkeit vom anbietenden Unternehmen, ihrer früheren Nutzung der Dienstleistung oder Erfahrung mit dem Produkt sowie der Möglichkeiten zur persönlichen Klärung und authentischen Rückmeldung als glaubwürdig gelten (Eisend, 2025, 102; Pires & Stanton, 2020, 272).

3.5.2   Multisensuelle verbale und non-verbale Stilmittel in der Ethnomarketingkommunikation

Selektion, Kreation und Produktion der werbekommunikativen Stilmittel im Ethnomarketing werden durch die Produktkategorie des zu bewerbenden Angebots (z. B. Produkt mit physischen Eigenschaften, Lebensmittel/Getränk mit Geschmack, Parfum mit Duft, Dienstleistung ohne physische Eigenschaften), die multisensorischen Transportmöglichkeiten der Werbeträger (z. B. Ton, Bewegtbild, Bild), die Inhalte der Werbebotschaft (z. B. Produktinformationen, Kaufauf-forderungen, imagebildende Emotionen) sowie die werbestrategischen Ziele (z. B. kognitive Ziele wie Erzeugung von Aufmerksamkeit oder Bekanntheit von Marke und Produkt; affektive Ziele wie die Erzeugung von Sympathie oder emo-tionale Bindung an Marke und Produkt; konative Ziele wie Kauf oder Weiter-empfehlung) determiniert. Neben dem Einsatz von in der Werbung grundsätzlich charakteristischen zentralen formalen Werbeelementen wie Markenname, Head-lines, Slogans und Claims sowie Copytext haben in der verbalen und non-verbalen Ethnomarketingkommunikation ethnische Hinweise und Signale („ethnic cues") große Bedeutung. Merkmale der Ethnie oder der Volkszugehörigkeit (z. B. Klei-dung, Sprache, Traditionen) deuten auf die kulturelle oder ethnische Identität einer Person oder eines Protagonisten in der Werbung hin, die als sichtbare oder hörbare Signale symbolisieren, in welcher ethnischen Welt die persuasive Kommunikation angesiedelt ist (Pires & Stanton, 2020, 249).

Verbale Stilmittel

- **Muttersprache:** Insbesondere der Verwendung der Muttersprache der adres-sierten Ethnien kommt im Ethnomarketing hohe Relevanz zu. Das text-linguistische Instrument der Heimatsprache oder von Dialekten stellt eine kognitiv-affektive Verbindung insbesondere zu Adressaten mit geringer Akkul-turation her, sichert die sprachlich-semantische Verständlichkeit der Werbebot-schaften und insinuiert die Authentizität des Absenders der Kommunikation (Pires & Stanton, 2020, 260).
- **Sprachlich-rhetorische Stilelemente:** Unterstützt wird die Verwendung der Zielgruppen- oder Produktherkunftssprache durch landessprachlich oder eth-nisch charakteristische Stilelemente wie Metaphern, Parabeln, Wortspiele oder Witze, die die Aufmerksamkeit der Rezipienten erzeugen sowie leicht und ver-ständlich die Werbebotschaft vermitteln, da sie in der Ethnie bekannt sind und eine Verbindung zur Heimatkultur ermöglichen (Eisend, 2025, 155; Kleinjo-hann, 2024b, 436).

Visuelle Stilmittel

- **Fotos und Abbildungen:** Die werblichen Grundziele optischer Stilmittel, ein positives Image vom Produkt oder vom vermarktenden Unternehmen zu schaf-fen, unterstützen Assoziationen und Analogien aufgrund des Einsatzes von kul-turell typischen Bildern oder ethnisch bekannten Bildmetaphern, die auf einer anderen Inhaltsebene kurz, anschaulich, einprägsam und emotional eine kom-plexe Werbebotschaft implizit im übertragenen Sinne vermitteln. Produkt-, Lifestyle-, Symbol- oder Personenfotos in Werbebotschaften unterstützen die

Generierung einer kulturell oder ethnisch typischen Atmosphäre, Tonalität und Emotionalität der Kommunikation. Die Abbildung von die Ethnie repräsentierenden Personen, typischer Natur, ikonischen Landschaften und Orten (z. B. Syrien: Minarette, Zitadellen, Souks; Polen: Altstadt von Warschau, masurische Seenplatte, Tatra-Bergkulisse; Portugal: Dom Luís I-Brücke und Douro-Ufer in Porto, Felsformationen der Algarveküste) sowie charakteristischen Situationen des ethnischen Alltags generieren zum einen Aufmerksamkeit in der adressierten und damit vertrauten Zielgruppe, schaffen zum anderen eine inhaltliche Verbindung zwischen Unternehmen, Produkt und zielgruppe und legen die Basis für Authentizität der Botschaft.

- **Farben:** Farben erzeugen grundsätzlich Emotionen und Stimmungen, die insbesondere kulturell von Rezipienten unterschiedlich entsprechend dem werblichen Kontext und dem jeweiligen kulturellen Hintergrund assoziiert werden. Als visuelle Stilmittel in Ethno-Werbung eingesetzt, beeinflussen Farben in der verwendeten Anzahl, der Variation der Farbhelligkeit und der Sättigungsintensität sowie in dem visuellen Kontext, der das Empfinden von Harmonie oder Kontrast generiert, nicht nur die Wahrnehmung von Botschaften, sondern auch die positive oder negative Bewertung der Botschaft, des Produktes oder des Unternehmens. So sorgt die Verwendung von Nationalfarben (z. B. Polen: Rot und Weiß; Syrien: Rot, Weiß, Schwarz und Grün; Ukraine: Blau und Gelb) in der Gestaltung der Werbung für eine hohe Konnotation und Sympathie.
- **Grafische Elemente und Formen:** Grafische und typografische Elemente in der visuellen Werbekommunikation vermitteln als notwendige Instrumente, essenzielle Verstärker oder dekoratives Beiwerk persuasive Botschaftsinhalte, erklären komplexe Zusammenhänge, machen abstrakte Informationen anschaulich, erzeugen Verständnis, bieten optische Abwechslung und rufen Reaktionen hervor. Insbesondere kulturell typische Typografie mit unterschiedlichen Größen, Höhen, Proportionen, Formen und Hervorhebungen tragen zum ethnisch authentischen Transport von Werbung bei. Der Einsatz nationaler oder ethnischer Symbole, Logos, Signets, Siegel, Icons sowie typischer grafischer Formen (z. B. Türkei: Halbmond und Stern, Tulpe; Portugal: keramisches Fliesenmuster „Azulejos"; Polen: Adler mit Krone auf Schild) unterstützen die visuelle Konnotation mit dem Produktherkunftsland.

Akustische Stilmittel
- **Sound-/Audio-/Sonic Logos, Jingles, Sound Icons, Brand Songs oder Brand Voices** stellen grundsätzliche Formate einer akustischen Markenführung und entsprechender Marketingkommunikation dar (Kleinjohann, 2020; Kleinjohann, 2024b, 412).

- Die **Parameter der akustischen Gestaltung** Lautstärke, Tempo, Rhythmus, Tonart, Tonhöhe und Harmonie bieten der gewünschten Klangidentität entsprechende Variationsmöglichkeiten (Steiner, 2018, S. 32; Steiner, 2022, S. 22).

Ethnisch orientiertes Acoustic Branding in der Marketingkommunikation kombiniert diese Formate und Parameter mit klanglichen Elementen, die nachweislich in der Herkunftskultur verankert sind (z. B. Instrumente, Rhythmen, Modi, Gesangstechniken), setzt Soundreferenzen kulturadäquat, stilistisch korrekt und respektvoll ein, berücksichtigt regionale Unterschiede (z. B. anatolische vs. ägäische türkische Klangwelten; syrische Aleppo-Tradition; polnische Hochlandmusik) und aktiviert mit auditiven Signalen Heimatbezüge, ohne museal zu klingen. Die Klangidentität sollte im Soundlogo als identifizierbares und wiedererkennbares Leitmotiv eine typische kulturelle Signatur (z. B. durch Instrument, Tonfolge oder Rhythmus) enthalten. Ethnisch oder national typische Klänge, Töne, Musikstile, Stimmen und charakteristische Instrumente in der Ethnomarketingkommunikation generieren so hörbare Identitäten und sorgen für eine akustische Verbindung zwischen kommunizierendem Unternehmen und adressierter Ethnie, z. B. Türkei: Klassisch osmanische Kunstmusik („Türk Sanat Müziği"), regionalspezifische Melodien aus Anatolien („Türk Halk Müziği"), Langhalslaute als zentrales türkisches Volksinstrument („Bağlama/Saz"), Rohrflöte mit weichem, meditativem Klang („Ney"), Zitherinstrument mit metallischem, obertonreichem Klang („Kanun"); Polen: Polnische Folklore (Folk) aus Masuren, Schlesien oder Podhale; Polonaise und Mazurka, traditionelle Tänze mit charakteristischen Taktformen; Geige („Skrzypce"), polnischer Dudelsack („Dudy"); Portugal: melancholische urbane Gesangstradition aus Lissabon und Coimbra („Fado"), polyphoner Männergesang aus dem Alentejo („Cante Alentejano"), Madeira- und Azoren-Folk, 12-saitige portugiesische Gitarre („Guitarra Portuguesa").

Multisensuell kombinierte Stilmittel

- **Vermitteln eines ethnokulturell geprägten Lebensstils („Lifestyle"):** Als Synonym für Lebensstil beschreibt der Begriff „Lifestyle" jene charakteristische Art und spezifische Weise, in der Individuen ihr persönliches Leben als Mitglieder einer Ethnie oder eines Milieus gestalten. Diese manifestiert sich in individuellen und kulturell verankerten Einstellungen, Interessen, Zielvorstellungen sowie insbesondere im Investitions- und Kaufverhalten. Im ethnomarketingbezogenen Kontext erweitert sich dieser Lebensstilbegriff um kulturelle Herkunftsbezüge, symbolische Traditionen sowie Praktiken, die für Migrantinnen und Migranten bzw. Diasporagruppen identitätsstiftend wirken. Der Lebensstil ist eng mit dem psychologischen Phänomen des Selbstkonzepts verknüpft. Dieses mentale Modell beschreibt das selbstbezogene Wissen eines Individuums über äußere und innere Eigenschaften, Werte, Kompetenzen, Interessen, Präferenzen, Einschätzungen, Ideale, Gefühle und Verhaltensmuster. Für ethnische Konsumentensegmente umfasst das Selbstkonzept je nach Grad der Akkulturation sowohl Elemente der Herkunftskultur als auch der Aufnahmekultur, sodass hybride Identitätsentwürfe entstehen. In der Ethnomarketingkommunikation zielt die werbliche Präsentation eines Produktes in einem ethnokulturell codierten Lifestyle-Szenario darauf ab, Aufmerksamkeit, Involvement und konatives Verhalten zu stimulieren. Durch die Integration kulturell vertrauter Symbole, ästhetischer Codes oder lebensweltlicher Praktiken wird den adressierten Zielgruppen ermöglicht, sich über den Besitz oder Gebrauch des beworbenen Produktes mit ihrem realen oder idealisierten ethnokulturellen Lebensstil zu identifizieren. Ethnisch konnotierte Lebensstildarstellungen fungieren damit als Brücke zwischen Konsumerlebnis und kultureller Selbstverortung und stärken die Wahrscheinlichkeit einer positiven Markenbeziehung sowie langfristiger Kundenbindung.

- **Kulturelle Charaktere und Storys:** Das strategische Erzählen einer Werbegeschichte rund um das Produkt oder das anbietende Unternehmen sowie die produktnahe Vermittlung von Themen aus der Kultur, Geschichte und Welt der Zielgruppe unterstützen kulturell geprägte „Storys" mit typischen Mythen und bekannten Märchen, beliebten Helden und häufigen Ritualen, die in der adressierten Ethnie Reichweite und Erkennbarkeit aufweisen. Die Thematisierung von Verhaltensweisen zu nationalen, religiösen oder persönlichen Festtagen (z. B. Weihnachten, Ende der Kindheit, Hochzeit) im werblichen Storytelling erzeugen insbesondere für Migranten in der neuen Heimat Sympathie und Vertrautheit, die sich motivierend auf Konsum und Kauf auswirken (z. B. Türkei: Henna-Nacht („Kına Gecesi") am Vorabend einer Hochzeit; „Auge des Nazar", blauer Anhänger gegen das Böse; „Hamam"-Besuch als tief verwurzelte Tradition; Polen: „Syrena", Meerjungfrau, halb Frau/halb Fisch im Warschauer Stadtwappen; „Pisanki", kunstvoll dekorierte Ostereier, „Wigilia"; Essen an Heiligabend mit zwölf fleischlosen Gerichten).

- **Ethnisch prominente Personen:** Die Präsentation des beworbenen Produktes von sprachlich oder visuell ethnisch zu ortbaren Personen mit Produktkategorieexpertise oder Produktnutzungserfahrung unterstützt Ethnomarketingkommunikation mit dem Referenzieren auf ihre tatsächliche oder insinuierte Qualifikation, Erfahrung und Kompetenz in der Produktbewertung und der Neutralität und Autorität von Experten (z. B. Ärzten, Apothekern). Ebenso trägt der Einsatz von prominenten Influencern, Politikern, Schauspielern, Models oder Sportlern aus dem gemeinsamen Heimatland von Konsumenten und Produkt als „Testimonial" zur Persuasion der adressierten ethnischen Zielgruppe bei (Eisend, 2025, 96; Kleinjohann, 2024b, 449).

- **Country of Origin (COO):** Das werberhetorische Stilmittel „Country of Origin" (COO) bindet gezielt Assoziationen des Ursprungslandes des Produktes in die Kommunikation mit Konsumenten ein, indem die Herkunft des Produktes oder das Heimatland der Adressaten im Ethnomarketing thematisiert wird. In der Regel bezieht sich die Thematisierung des Herkunftslandes auf die Wertschöpfungskette des Produktes in ihrer Gesamtheit, kann sich aber auch fokussieren auf das Land der Produktentwicklung als „Country of Design" (COD), der Produktion als „Country of Manufacture" (COM), der Herkunft der Teile als „Country of Parts" (COP) oder der Montage des Produktes als „Country of Assembly" (COA). Die Verwendung von COO wird multisensuell umgesetzt durch die Erwähnung der Landesherkunft, die Verwendung des Landes als Teil des Unternehmens- oder Produktnamens, den Einsatz der Sprache eines Landes in der Benennung von Unternehmen oder Produkten sowie die Nutzung von Stereotypen des Landes in Form von Symbolen, Personen, Architektur oder Landschaft (z. B. ungarische Salami „Juliska" mit ungarischer Flagge). Die werberhetorische Fokussierung auf die räumliche Herkunft eines Produktes erleichtert in der Markenführung und der Werbekommunikation den Konsumenten die geografische Zuordnung zu einem Land, die optimierte Assoziation mit Charakteristika, Kompetenzen und Qualitäten des Herkunftslandes und den Imagetransfer vom Ursprungsland auf das Produkt (z. B. Italien/Mode, Deutschland/Qualität, Schweden/Design). Unternehmen können so die Glaubwürdigkeit und Authentizität eines kultur- oder ethnospezifischen Angebotes gegenüber der Zielgruppe unterstützen oder beweisen (Beekan & Moutchnik, 2023, 80; Eisend, 2025, 246; Kleinjohann, 2024b, 461; Rashid & Barnes, 2018; Wegmann, 2020, 238).
- **Nostalgie und Heimat:** Das Thematisieren von Erinnerungen an die Heimat und das Hervorrufen von nostalgischen Gefühlen können das affektive Bedürfnis nach Schwelgen in der Vergangenheit stillen und das Vitalisieren von persönlichen oder kollektiven Erinnerungen an vergangene Tage und Zeiten („Nostalgie") im Herkunftsland oder die Evokation von Gefühlen an die – alte – Heimat mit einhergehender Vertrautheit und Geborgenheit („Sense of Home") für die adressierten Konsumenten generieren. Das Phänomen „Heimat" umfasst dabei nicht nur ein Heimatland, einen Ort oder einen geografischen Raum territorialer Vertrautheit, in dem Individuen Orte, Räume und Wege kennen, sondern auch eine psychologische Sphäre von biografisch geprägtem Kennen, Gekannt- und

Anerkanntsein aufgrund sozialer Beziehungen, gemeinsamem Handeln, gelernten Regeln und Bräuchen sowie emotionalen Erlebnissen (Eisend, 2025, 151; Mitzscherlich, 2019, 185; Sirkeci & Zeren, 2028, 143).

- **Olfaktorische und gustatorische Stilmittel:** Die Verwendung und Kombination der sieben Primärgerüche („Duftklassen") blumig (Geraniol, Rosenduft), ätherisch (Benzylacetat, Birnenduft), moschusartig (Moschus), campherartig (Cineol/Campher, Eukalyptusduft), faulig (Schwefelwasserstoff, Duft von faulen Eiern), stechend (Ameisensäure, Essigduft) und schweißig (Buttersäure, Schweißgeruch) in unterschiedlicher Riechschärfe und Reizdauer erzeugen aufgrund der kulturell sozialisierten Reizvertrautheit bei der migrantischen Zielgruppe ethnisch konnotierte Assoziationen (Steiner, 2022, 27, Zimmer, 2019, 145). Ebenso generieren in der multisensualen Kommunikation gustatorische Stilmittel wie die landesküchen- oder esskulturtypische Adressierung und Mischung der fünf Grundgeschmacksrichtungen süß, sauer, salzig, bitter und umami unterschiedliche physiologische und konnotierte Assoziationen.

Summary 4

Ethnomarketing gewinnt vor dem Hintergrund tiefgreifender demografischer, gesellschaftlicher und kultureller Transformationsprozesse in Deutschland und anderen Migrationsgesellschaften zunehmend an strategischer Relevanz. Der hohe und weiterhin wachsende Anteil der Bevölkerung mit Migrationshintergrund, ihre langfristige Ansiedlung sowie die zunehmende Bedeutung nachfolgender Generationen führen zu dauerhaft veränderten Marktstrukturen, die durch eine ausgeprägte kulturelle, soziale und lebensweltliche Heterogenität gekennzeichnet sind. Migrantische Konsumenten stellen dabei keine homogene Zielgruppe dar, sondern differenzieren sich nach Herkunft, Aufenthaltsdauer, Akkulturationsgrad, Milieuzugehörigkeit, Religiosität, Sprachkompetenz und sozioökonomischen Faktoren. Ethnomarketing stellt eine spezialisierte Form des Zielgruppenmarketings dar, das ethnisch und kulturell geprägte Konsumenten systematisch analysiert und adressiert. Zentrale theoretische Grundlagen bilden kulturwissenschaftliche und sozialpsychologische Modelle, die verdeutlichen, dass marketingrelevante kulturelle Einflussfaktoren häufig nicht unmittelbar sichtbar sind, jedoch Einstellungen, Werte, Normen und damit Kaufentscheidungen nachhaltig prägen. Die Milieuforschung – insbesondere auf Basis der SINUS-Milieus – liefert ein differenziertes Verständnis migrantischer Lebenswelten, das die Herkunftskultur nicht als allein bestimmend, sondern als einen von mehreren Einflussfaktoren innerhalb komplexer sozialer Orientierungen begreift. Eine zentrale Determinante für das Marketing von Unternehmen stellt die Akkulturation der adressierten Zielgruppe dar. Ihre unterschiedlichen Akkulturationsstrategien von Integration, Assimilation, Separation und Marginalisierung sowie deren zeitliche Phasen haben unmittelbare Konsequenzen für Produktgestaltung, Kommunikation und Medienwahl von Unternehmen. Sprache, Religion und familienbezogene Wertvorstellungen erweisen sich

© Der/die Autor(en), exklusiv lizenziert an Springer Fachmedien
Wiesbaden GmbH, ein Teil von Springer Nature 2026
M. Kleinjohann, *Einführung in das Ethnomarketing*, essentials,
https://doi.org/10.1007/978-3-658-51354-2_4

dabei als besonders einflussreiche Elemente des Konsumverhaltens, deren Bedeutung je nach Milieu, Generation und Herkunftsregion erheblich variiert.

Erfolgreiche Ethnomarketing-Konzepte erfordern eine bewusste Entscheidung für eine Differenzierung oder zumindest kontingenzorientierte Hybridstrategie im Marketing. Die Strategieoptionen – von Test- und Fassadenstrategien bis hin zu spezialisierten oder vollständig integrierten Ansätzen – verdeutlichen, dass Ethnomarketing kein isoliertes Kommunikationsinstrument darstellt, sondern eine umfassende Anpassung des Marketingmixes notwendig machen kann. Authentizität, kulturelle Sensibilität und eine fundierte datenbasierte Zielgruppenanalyse sind dabei die zentralen Erfolgsfaktoren. Ethnomarketing ist nicht nur ein taktisches Nischeninstrument, sondern ein langfristig relevantes strategisches Handlungsfeld. Unternehmen, die kulturelle Diversität als Marktrealität anerkennen und systematisch in ihre Marketingstrategie integrieren, können nachhaltige Wettbewerbsvorteile erzielen, Kundenloyalität stärken und zur ökonomischen, wie gesellschaftlichen Integration von Konsumenten beitragen.

Was Sie aus diesem *essential* mitnehmen können

- Ethnomarketing stellt in Märkten mit hoher ethnischer Diversität und kultureller Fragmentierung für Unternehmen sowohl eine holistische Marketingstrategie als auch ein operatives Instrument in Produkt-, Preis-, Vertriebs- oder Kommunikationspolitik dar.
- Ethnomarketing bedingt in Unternehmen die Kompetenz in der Differenzierung von Produktkreation und -konfiguration, Preisgestaltung, Vertriebssystem und persuasiver Kommunikation, um erfolgreich spezifische migrantische Zielgruppen zu adressieren.
- Ethnomarketing erfordert unternehmensseitig kulturell-ethnische Achtsamkeit für die Bedürfnisse, Wünsche und Nöte von Konsumenten mit Migrationshintergrund.
- Die Beachtung von Herkunft, Aufenthaltsdauer, Akkulturationsgrad, Milieuzugehörigkeit und Religiosität spielen neben Kompetenz in der Landessprache des Marktes bei der werblichen Adressierung eine wichtige Rolle.
- Ethnisch-kulturell adäquate multisensuelle, verbale und non-verbale Stilmittel bieten Unternehmen Chancen ebenso unternehmensauthentisch wie zielgruppenpräzise persuasiv zu kommunizieren.

© Der/die Herausgeber bzw. der/die Autor(en), exklusiv lizenziert an Springer Fachmedien Wiesbaden GmbH, ein Teil von Springer Nature 2026
M. Kleinjohann, *Einführung in das Ethnomarketing*, essentials,
https://doi.org/10.1007/978-3-658-51354-2

Literatur

Bak, P. M. (2024). Werbe- und Konsumentenpsychologie: Eine Einführung (3. Aktualisierte und überarbeitete Auflage 2024). Schäffer-Poeschel.

Barth, B., et al. (Hrsg.). (2018). *Praxis der sinus-milieus®: Gegenwart und Zukunft eines modernen Gesellschafts- und Zielgruppenmodells.* Springer VS. https://ebooks.ciando.com/book/index.cfm/bok_id/2384093

Bekaan, I., & Moutchnik, A. (2023). K-pop „made in South Korea": der country-of-origin-Effekt und das Musikmanagement. In C. Kochhan & A. Moutchnik (Hrsg.), *Handlungsraum media management: Fallstudien und Analysen für Wirtschaft, design und Technik* (S. 79–114). Springer Gabler. https://doi.org/10.1007/978-3-658-41520-4_4

Berry, J. W., & Sam, D. L. (2013). Accommodating cultural diversity and achieving equi ty. *European Psychologist, 18*(3), 151–157. https://doi.org/10.1027/1016-9040/a000167

Berry, J. W. (1980). Acculturation as varieties of adaptation. In A. Padilla (Hrsg.), *Acculturation: Theory, models and findings* (S. 9–25).

Bethge, G. (2017). *Ethno-marketing in der Automobilbranche.* Dissertation. Springer Fachmedien Wiesbaden. https://doi.org/10.1007/978-3-658-20842-4.

BMI – Bundesministerium des Innern. (2025). Migrationsbericht der Bundesregierung 2023. https://www.publikationen-bundesregierung.de/pp-de/publikationssuche/migrationsbericht-2023-2383642.

BMZ – Bundesministerium für wirtschaftliche Zusammenarbeit und Entwicklung. (2025). Diaspora. https://www.bmz.de/de/service/lexikon/diaspora-162832.

BpB – Bundeszentrale für politische Bildung (2025). Bevölkerung mit Migrationshintergrund. https://www.bpb.de/kurz-knapp/zahlen-und-fakten/soziale-situation-in-deutschland/61646/bevoelkerung-mit-migrationshintergrund/.

Bruhn, M. (Hrsg.). (2024). *Marketing: Grundlagen für Studium und praxis (16., überarbeitete und erweiterte Auflage).* Springer Fachmedien Wiesbaden; Imprint Springer Gabler. https://doi.org/10.1007/978-3-658-43789-3

© Der/die Herausgeber bzw. der/die Autor(en), exklusiv lizenziert an Springer Fachmedien Wiesbaden GmbH, ein Teil von Springer Nature 2026
M. Kleinjohann, *Einführung in das Ethnomarketing*, essentials, https://doi.org/10.1007/978-3-658-51354-2

DESTATIS – Statistisches Bundesamt. (2022). Personen mit Migrationshintergrund. https://
www.destatis.de/DE/Themen/Gesellschaft-Umwelt/Bevoelkerung/Migration-
Integration/Methoden/Erlauterungen/migrationshintergrund.html.

Eisend, M. (2025). Marketingkommunikation. *Springer Fachmedien Wiesbaden.* https://doi.
org/10.1007/978-3-658-46726-5

Elo, M. et al. (2020). Diaspora networks in international marketing: How do ethnic products
diffuse to foreign markets. *European Journal of International Management, 14*(4), Arti-
kel 107606, 693. https://doi.org/10.1504/EJIM.2020.107606.

Flaig, V. B. B., & Schleer, C. (2017). Migrantische Lebenswelten in Deutschland. In B. Barth,
B. B. Flaig, N. Schäuble, & M. Tautscher (Hrsg.), *Praxis der sinus-milieus®: Gegenwart
und Zukunft eines modernen Gesellschafts- und Zielgruppenmodells* (S. 113–123). Springer Fachmedien Wiesbaden. https://doi.org/10.1007/978-3-658-19335-5_8

Franken, S. (2025). Vielfalt und diversity management in Unternehmen. In S. Franken
(Hrsg.), *Verhaltensorientierte Führung* (S. 311–357). Springer Fachmedien Wiesbaden.
https://doi.org/10.1007/978-3-658-47842-1_9

Genkova, P. (Hrsg.). (2019). *Lehrbuch. Interkulturelle Wirtschaftspsychologie.* Springer.
https://doi.org/10.1007/978-3-662-58447-7

Gerpott, T. J., & Bicak, I. (2011). Ethno-marketing: Synopse empirischer Studien sowie
Schlussfolgerungen für die marketing-praxis und -Forschung. *Der Markt, 50*(2), 97–108.
https://doi.org/10.1007/s12642-010-0042-7

Giles, H., et al. (2007). Accommodating a new frontier: The context of law enforcement. In
K. Fiedler (Hrsg.), *Frontiers of social psychology. Social communication* (S. 129–162).
Psychology Press.

Gözüakca, B. (2014). Andere Länder, andere Sitten – Mit Ethnomarketing die Zielgruppe der
Migranten erreichen. In M. Halfmann (Hrsg.), *Zielgruppen im Konsumentenmarketing:
Segmentierungsansätze – trends – Umsetzung* (S. 59–73). Springer Gabler. https://doi.
org/10.1007/978-3-658-00625-9_5

Gutting, D. (Hrsg.). (2020). *Interkulturelles marketing im digitalen Zeitalter: Strategien für
den globalen Markterfolg.* Springer Gabler. https://doi.org/10.1007/978-3-658-29429-8

Hallenberg. (2018). Menschen mit Zuwanderungsgeschichte in Deutschland: vhw
Migrantenmilieu-Survey.   https://www.sinus-institut.de/media-center/studien/vhw-
migrantenmilieu-survey-2018-menschen-mit-zuwanderungsgeschichte-in-deutschland.

Halm, D. & Sauer, M. (2017). Bertelsmann Religionsmonitor 2017 – Muslime in Europa.
https://www.bertelsmann-stiftung.de/de/unsere-projekte/religionsmonitor/projekt-
themen/religionsmonitor-2017-muslime-in-europa.

von Hattburg, A. T. (2018). *Definition: Intercultural marketing.* Springer Fachmedien
Wiesbaden   GmbH.   https://wirtschaftslexikon.gabler.de/definition/intercultural-
marketing-53988

Heinrich, H., & Flocke, L. (2021). Customer-journey-analyse-Ein neuer Ansatz zur Optimierung
des (online-) marketing-mix. In H. Holland (Hrsg.), *Springer eBook collection. Digitales
Dialogmarketing: Grundlagen, Strategien, Instrumente (2., überarbeitete und ergänzte Auflage* (S. 825–855). Springer Gabler. https://doi.org/10.1007/978-3-658-02541-0_34

Hofstede, G. (1984). Culture's consequences (abridged edition) 1984, Beverly Hills, London
and New Delhi: Sage. 325 pages. *Organization Studies, 5*(4), 379–380. https://doi.
org/10.1177/017084068400500423

Hofstede, G. (1991). *Cultures and organizations: Software of the mind.* McGraw-Hill.

Hofstede, G. (2001). *Culture's consequences: Comparing values, behaviors, institutions, and organizations across nations* (2. ed [Nachdr.]. Aufl.).

Hofstede, G. (2011). Dimensionalizing cultures: The Hofstede model in context. *Online Readings in Psychology and Culture, 2*(1). https://doi.org/10.9707/2307-0919.1014

Homburg, C. (Hrsg.). (2020). *Grundlagen des Marketingmanagements.* Springer Fachmedien Wiesbaden. https://doi.org/10.1007/978-3-658-29638-4

Huber, A. (2016). *Marketing (3., vollständig überarbeitete Auflage).* Vahlen. http://ebookcentral.proquest.com/lib/kxp/detail.action?docID=4652635

Kalayci, E. (2024). *Hochzeitsmarketing als ethnisch spezifisches Eventmarketing: Eine empirische Studie im Kontext großer türkischer Eventhallen in Deutschland.* Springer Gabler. https://doi.org/10.1007/978-3-658-43918-7

Kleinjohann, M. (2020). Marketingkommunikation mit acoustic branding: Planung, Einsatz und Wirkung von Stimme, ton und Klang für die corporate identity (1st ed. 2020). Essentials. Springer Fachmedien Wiesbaden; imprint: Springer Gabler.. https://doi.org/10.1007/978-3-658-29989-7.

Kleinjohann, M. (2024a). *Grundlagen der Werbung: Theorie – Markt – Ethik – Recht (1. Auflage 2024).* Springer Fachmedien Wiesbaden GmbH; Springer Gabler. https://doi.org/10.1007/978-3-658-44076-3

Kleinjohann, M. (2024b). *Grundlagen des Werbemanagements: Konzeption – Werbeträger – evaluation (1. Auflage 2024).* Springer Fachmedien Wiesbaden GmbH; Springer Gabler. https://doi.org/10.1007/978-3-658-43643-8

Kotler, P., et al. (2022). *Marketing management* (6. Aufl.). Pearson.

Kotler, P., et al. (2024). *Principles of marketing* (9. Aufl.). Pearson.

Kreutzer, R. T. (2018). Holistische Markenführung im digitalen Zeitalter – Voraussetzung zur Erreichung einer Omnichannel-Exzellenz. In I. Böckenholt, A. Mehn, & A. Westermann (Hrsg.), *Konzepte und Strategien für Omnichannel-Exzellenz: Innovatives retailmarketing mit mehrdimensionalen Vertriebs- und Kommunikationskanälen* (S. 111–147). Springer Gabler. https://doi.org/10.1007/978-3-658-20182-1_4

Kroeber-Riel, W., & Gröppel-Klein, A. (2019). *Konsumentenverhalten (11. Vollständig überarbeitete, aktualisierte und ergänzte Auflage).* Vahlens Handbücher der Wirtschafts- und Sozialwissenschaften. Franz Vahlen Verlag.

KT Bank AG. (2025). KT Bank AG. https://www.kt-bank.de/ueber-uns/kt-bank/.

Lebok, U. H., & Ginzburg, P. (2023). Against the mainstream: Diversity-marketing als chance für erfolgreiche Markenführung. In M. Terstiege (Hrsg.), *Diversität in Marketing & Sales: Best practices von Agenturen, Beratungen und Unternehmen* (S. 117–164). Springer Gabler. https://doi.org/10.1007/978-3-658-37358-0_8

Licsandru, T. C., & Cui, C. C. (2019). Ethnic marketing to the global millennial consumers: Challenges and opportunities. *Journal of Business Research, 103,* 261–274. https://doi.org/10.1016/j.jbusres.2019.01.052

Meffert, H., et al. (Hrsg.). (2024). *Marketing: Grundlagen marktorientierter Unternehmensführung: Konzepte – Instrumente – Praxisbeispiele (14., überarbeitete und erweiterte Auflage).* Springer Gabler. https://doi.org/10.1007/978-3-658-41755-0

Mitzscherlich, B. (2019). Heimat als subjektive Konstruktion. In E. Costadura, K. Ries, & C. Wiesenfeldt (Hrsg.), *Edition Kulturwissenschaft: Bd. 188. Heimat global: Modelle, Praxen und Medien der Heimatkonstruktion* (1st. Aufl., S. 183–196). transcript Verlag. https://doi.org/10.1515/9783839445884-010

Müller, S., & Gelbrich, K. (2015). *Interkulturelles marketing* (2nd. Aufl.). Vahlens Handbücher der Wirtschafts- und Sozialwissenschaften.

Neculaesei, A.-N. (2017). ETHNOMARKETING and tribal marketing – general issues. *ETHNOMARKETING and tribal marketing – general issues, 19*(2), 121–127.

Nieswand, B. (2018). Was ist eine diaspora? I diaspora I bpb.de. Bundeszentrale für politische Bildung. https://www.bpb.de/themen/migration-integration/kurzdossiers/264009/was-ist-eine-diaspora/.

Oberg, K. (1960). Cultural shock: Adjustment to new cultural environments. *Practical Anthropology, os-7(4)*, 177–182. https://doi.org/10.1177/009182966000700405

Osgood, C. (1951). Culture: Its empirical and non-empirical character. *Southwestern Journal of Anthropology, 7*(2), 202–214. http://www.jstor.org/stable/3628623

Pfündel, K. et al. (2021). Muslimisches Leben in Deutschland 2020: Studie im Auftrag der Deutschen Islam Konferenz. Forschungsbericht 38 des Forschungszentrums des Bundesamtes für migration und Flüchtlinge.

Pires, G., & Stanton, J. (2020). *Ethnic marketing theory, Practice and Entrepreneurship.* ROUTLEDGE. https://doi.org/10.4324/9781315454894

Rashid, A., & Barnes, L. (2018). Country of origin Association in Retail and Wholesale Branding. *Journal of Promotion Management, 24*(3), 312–331. https://doi.org/10.1080/10496491.2018.1378299

Şenöz Ayata, C. (2022). Kulturelle Werte und Werbung: Identifikationsbilder für Deutsch-Türk*innen in Werbespots des Mobilfunkanbieters ay Yıldız. In Ş. Ozil, M. Hofmann, J. P. Laut, Y. Dayıoğlu-Yücel, C. Zierau, & D. Uca (Hrsg.), *Türkisch-deutsche Studien: Bd. 2020. Wertorientierungen* (S. 93–107). Universitätsverlag Göttingen. https://doi.org/10.17875/gup2022-1931

Sinus Markt- und Sozialforschung GmbH. (2018). Sinus-Migrantenmilieus. https://www.sinus-institut.de/sinus-milieus/migrantenmilieus.

Sinus Markt- und Sozialforschung GmbH. (2025). Sinusmilieus. https://www.sinus-institut.de/sinus-milieus.

Sirkeci, I., & Zeren, F. (2018). Diaspora marketing revisited: The nexus of entrepreneurs and consumers. *Transnational Marketing Journal, 6*(2), 139–157.

Steiner, P. (2018). *Sound branding: Grundlagen akustischer Markenführung (3., aktualisierte und erweiterte Auflage).* Springer Fachmedien Gabler. https://doi.org/10.1007/978-3-658-22638-1

Steiner, P. (2022). Quick guide Multisensorisches marketing: Wie Sie mit Allen Sinnen Ihre Marke stärken. *Springer Fachmedien Wiesbaden GmbH.* https://doi.org/10.1007/978-3-658-46058-7

Torkestani, M. S. et al. (2023). Identity dilemma in immigrant consumers: A discourse analysis of diaspora marketing. BAM 2023 conference.

Trompenaars, F. (1996). Resolving international conflict: Culture and business strategy. *Business Strategy Review, 7*(3), 51–68. https://doi.org/10.1111/j.1467-8616.1996.tb00132.x

Verbraucherzentrale (2025). Halal essen: Wann ist ein Produkt "halal"? I Verbraucherzentrale.de. https://www.verbraucherzentrale.de/wissen/lebensmittel/kennzeichnung-und-inhaltsstoffe/halal-essen-wann-ist-ein-produkt-halal-12283.

Walsh, G., et al. (2020). *Marketing: Eine Einführung auf der Grundlage von case studies (3. Überarbeitete und erweiterte Auflage).* Springer Gabler.

Wegmann, C. (2020). Werbung für Lebensmittel. In C. Wegmann (Hrsg.), *Lehrbuch. Lebensmittelmarketing: Produktinnovationen – Produktgestaltung – Werbung – Vertrieb* (S. 199–261). Springer Gabler. https://doi.org/10.1007/978-3-658-26038-5_5

Yokoyama, K., & Birchley, S. L. (2025). Defining transnational, diaspora, and ethnic entrepreneurship. In K. Yokoyama & S. L. Birchley (Hrsg.), *Transnational diaspora entrepreneurship: Cases from Brazil, Mexico and Japan* (S. 15–25). Springer Nature Singapore; Imprint Springer. https://doi.org/10.1007/978-981-96-9381-8_2

Zimmer, R. (2019). *Handbuch Sinneswahrnehmung: Grundlagen einer ganzheitlichen Bildung und Erziehung (Überarbeitete Neuausgabe (23. Gesamtauflage).* Herder Verlag.

GPSR Compliance

The European Union's (EU) General Product Safety Regulation (GPSR)
is a set of rules that requires consumer products to be safe and our
obligations to ensure this.

If you have any concerns about our products, you can contact us on
ProductSafety@springernature.com

In case Publisher is established outside the EU, the EU authorized
representative is:

Springer Nature Customer Service Center GmbH
Europaplatz 3
69115 Heidelberg, Germany

Batch number: 10188969

Printed by Printforce, the Netherlands